AF390262

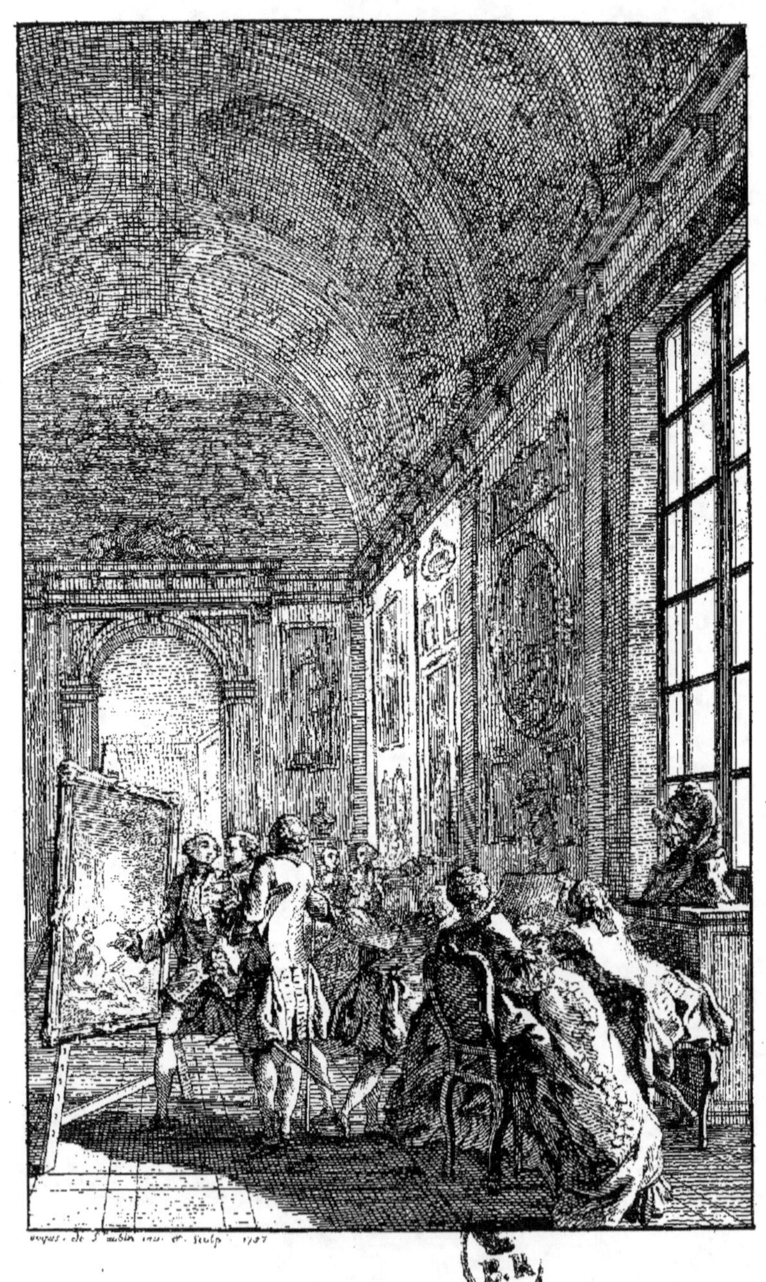
augus. de St aubin inu. et Sculp 1787

CATALOGUE

D'UNE TRÈS BELLE COLLECTION

DE BRONZE ET AUTRES CURIOSITÉS Egyptiennes, Etrusques, Indiennes & Chinoises; Figures, Bustes & Bas-Relief de Bronze, d'Albâtre & de Marbre, antiques & modernes; Pierres gravées, montées en Bague; Monnoies & Médailles d'Or, d'Argent, de Billon & de Bronze; Desseins, Estampes, Coquilles, & autres objets qui ont rapport à l'Histoire Naturelle; Ouvrages de Lacqs, Habillemens Indiens & Chinois, Armes anciennes, tant des Pays Etrangers que de France; Livres d'Histoire Naturelle, d'Antiquités, &c.

Du Cabinet de Feu M. LE DUC DE SULLY, Pair de France, & Chevalier de la Toison d'Or.

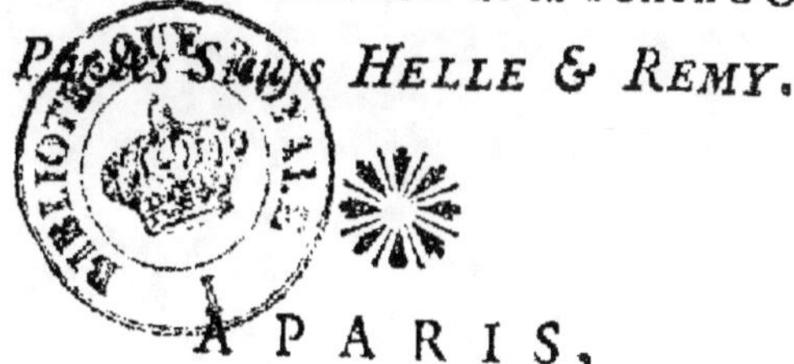

PAR LES SIEURS HELLE & REMY.

A PARIS,

Chez DIDOT l'aîné, Libraire & Imprimeur, rue Pavée, près du Quai des Augustins, à la Bible d'Or.

M. DCC. LXII.

AVERTISSEMENT.

LA Collection que nous anonçons aux Amateurs, est très estimable par les différens genres de Curiosités qu'elle renferme. Elle l'est encore par plusieurs Morceaux rares & précieux. Nous nous contenterons de rapporter l'Eloge que M. Dargenville a fait de ce Cabinet dans sa Conchyliologie, page 14 & 15. Il a eu occasion de le connoître parfaitement, puisqu'il étoit fort lié avec Monsieur le Duc de Sully.

    » Monsieur le Duc de Sully, Pair
» de France , & Chevalier de la
» Toison d'Or ; par son amour pour les
» Arts, & par la belle Collection qu'il
» a amassée dans tous les genres de
» Curiosités , mérite ici une place dis-
» tinguée. Son Cabinet est composé de
» quatre Pieces de suite , la premiere
» est ornée de Recueils de Cartes ,
» d'Estampes & de Desseins des meil-
» leurs Maîtres : on voit sur la Corni-
» che des Tablettes , un rang de Bustes
» de Marbre & d'Urnes , dont la plus

» grande partie font Antiques ; les Fof-
» files font renfermées dans deux Bu-
» reaux, fur lefquels font deux cof-
» frets, l'un rempli de Pierres fines, &
» l'autre de Papillons étrangers. Dans la
» feconde Piece, on y remarque fur les
» Tables & la Cheminée, des Gradins
» qui portent quantité de Figures de
» Bronze Antiques, parmi lefquels on
» diftingue plufieurs Divinités Egyp-
» tiennes & Gauloifes, avec un (a)
» Vafes à anfes, Egyptien & chargé
» d'Hieroglyphes qui fervoit à mettre
» l'eau luftrale. Les Pierres précieufes,
» les Agathes, les Jafpes rares, & les
» Pierres gravées, font renfermés dans
» un grand Bureau ; & les Oifeaux,
» les Poiffons, les parties d'Animaux,
» les Cailloux d'Egypte fe voient vis-
» à-vis, dans un beau Cabinet de la
» Chine, furmonté de Gradins ornés
» de Vafes de Criftal de Roche, d'Al-
» bâtres Oriental, d'Ambre & de Pier-
» re antique. On trouve dans le troi-

(a) Ce Vafe & plufieurs Morceaux de ce
Cabinet, font gravés dans l'explication des
Monumens finguliers des plus Anciens Peuples, par Dom Jacques Martin, favant Bé-
nédictin.

» fieme Appartement, deux Coquil-
» lers de quarante-huit Tirois, rem-
» plis de tout ce qu'on peut defirer en
» ce genre. Une (*b*) Lanterne trouvée
» dans un Ancien Sépulcre, est suspen-
» due au milieu du Platfond. Dans la
» quatrieme Piece, on trouve une bel-
» le Collection de Médailles Consu-
» laires & Impériales, en Or & Ar-
» gent, avec une (*c*) suite de Cachets,
» de Sceaux antiques & Gaulois, &
» une autre très nombreuses de Jet-
» tons François & Etrangers.

Des Armes anciennes de différens
Pays, des Habillemens de Sauvages,
Indiens & Chinois, & des Monnoies
dont Monsieur Dargenville n'a pas fait
mention, méritent beaucoup de con-
sidération : on y remarque nombre de
Pieces rares qui ne se trouvent (à ce
que l'on croit) que dans ce Cabinet.

On ne parle pas dans ce Catalogue,
de beaucoup d'autres objets que l'on

(*b*) Cette Lanterne est au N°. 776 de ce
Catalogue.
(*c*) Au N°. 775 de ce Catalogue.

n'a pas pu voir, parcequ'ils font encore à Villebon. Ils feront vendus dans le courant de chaque Vacation, fans obmetre aucun des numéros indiqués pour chaque jour dans la feuille qui fera diftribuée le premier jour de la Vente. On prétend que parmi ces diverfes Curiofités qu'il ne nous eft pas poffible d'annoncer au Public il y a des morceaux eftimables & même rares.

La Vente commencera le Lundi 8 Mars & jours fuivans, de relevée fans difcontinuation, en l'Hôtel de Feu Monfieur le Duc de Sully, rue St. Dominique, Fauxbourg St. Germain à côté de M. L'Ambaffadeur d'Efpagne.

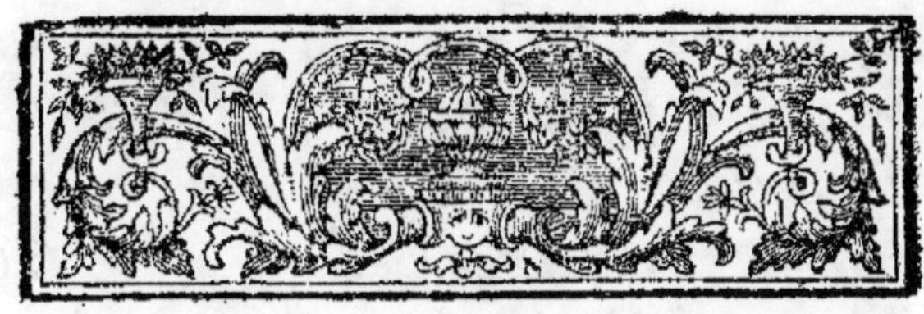

CATALOGUE

DES EFFETS CURIEUX

Du Cabinet de Feu Monfieur LE DUC DE SULLY, Pair de France, & Chevalier de la Toifon d'or.

Figures de Bronzes, & autres antiquités Egyptiennes.

1. LA Tête de Jupiter Ammon, en bafalte tendre, elle porte quatre pouces de haut.

2. La même Tête en bronze.

3. La Déeffe Ifis affife, alaitant fon fils Horus, ce Bronze qui eft bien confervé, porte huit pouces & demi de haut.

4. Un Prêtre Egyptien avec fes attributs. Ce Bronze eft rare à trouver d'une confervation auffi parfaite que l'eft

A

CATALOGUE

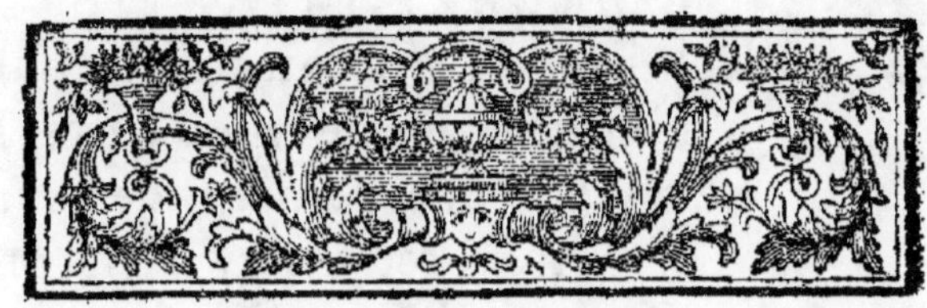

CATALOGUE
DES EFFETS CURIEUX

Du Cabinet de Feu Monſieur
LE DUC DE SULLY, Pair
de France, & Chevalier de la
Toiſon d'or.

Figures de Bronzes, & autres antiquités
Egyptiennes.

1. LA Tête de Jupiter Ammon, en
baſalte tendre, elle porte quatre pouces de haut.
2. La même Tête en bronze.
3. La Déeſſe Iſis aſſiſe, alaitant ſon fils
Horus, ce Bronze qui eſt bien con-
ſervé, porte huit pouces & demi de
haut.
4. Un Prêtre Egyptien avec ſes attributs.
Ce Bronze eſt rare à trouver d'une
conſervation auſſi parfaite que l'eſt

A

celui-ci, ce qui fait croire qu'il a été enduit de pâte de ris ou autre. Il porte onze pouces & demi de haut.

5. Un autre Prêtre Egyptien presque aussi bien conservé & très estimable. Sa hauteur est de neuf pouces & demi.

6. Un Prêtre Egyptien avec un bonnet différent, il porte huit pouces de haut.

7. Prêtre Egyptien à tête rase. Sept pouces dix lignes de haut.

8. Autre Prêtre Egyptien, avec la singularité remarquable d'une figure en relief sur le dos. Il porte sept pouces deux lignes de haut.

9. Un Bronze très distingué, qui porte trois pouces huit lignes de haut. Il représente le Dieu Osiris, avec les attributs que M. le Comte de Caylus a le premier reconnus, & le fleau fort élevé.

10. Six figures en bas-relief, de bois de Sycomore colorié, qui ont vraisemblablement servi à la décoration de quelques Caisses de Momie de très grande antiquité. Il y en a trois qui portent chacune neuf pouces de haut, deux de sept pouces dix lignes, & une de quatre pouces quatre lignes.

11. Une figure de femme Egyptienne, avec un bonet singulier. Les pieds

font brifés, ce fragment qui eſt de Bronze, a cinq pouces dix lignes.

12. Un Prêtre Egyptien accroupi, de Bronze, il porte quatre pouces de haut.

13. Une petite Figure de Bronze, une autre de Porcelaine de bel Email bleu à maſque de lion, quatre petites dittes à maſque d'animaux, un petit Bacchus Egyptien & une Sauterelle auſſi de Porcelaine.

14. Quatre Figures de Porcelaine ou pâte Egyptienne, elles portent chacune quatre pouces de haut.

15. Deux dittes, de cinq pouces de haut.

16. Deux autres de la même grandeur des précédentes.

17. Quatre dittes, de deux pouces huit lignes.

18. Un bas-relief repréſentant des Divinités Egyptiennes, de Bronze doré raporté ſur un fond moderne dans une bordure de Bronze dorée, renfermé dans un étui couvert de maroquin. Ce morceau qui a trois pouces de long, ſur quatorze lignes de haut, paroît recommandable tant par la beauté du deſſein, que par la fineſſe du travail.

19. Un petit Prêtre Egyptien , & la Déeſſe Iſis. Ces deux Bronzes portent chacun trois pouces.

20. Deux différentes Figures d'Harpocrates , ou Dieu du ſilence , l'une porte quatre pouces de haut , & l'autre trois pouces.

21. Six Prêtres Egyptiens , dont un de quatre pouces & demi de haut.

22. trois Figures ſavoir une Iſis & deux Prêtres.

23. Un Vaſe à anſe en forme de Bénitier, orné de bas-relief, repréſentant des ſujets de la Mythologie Egyptienne. Dom Jacques Martin en a fait mention dans ſon ouvrage intitulé Explications des Monumens ſinguliers des plus anciens Peuples.

24. Deux Scarabés , trois Figures d'animaux , & la Tête d'une Figure.

25. La Fortune Panthée , avec une coëffure Egyptienne.

26. Une jolie petite Figure accroupie.

Antiquités Etruſques.

27. Deux Figures , l'une de Femme , dont les bras manquent. L'autre d'Hercules avec ſa peau de Lion. Elles portent chacune cinq pouces & demi de haut.

28. Un groupe de deux Figures, l'une
d'un Vieillard, l'autre d'un jeune
Guerrier qui se tiennent embrassés.
Ce morceau est très conservé, &
d'une distinction particuliere. Il a
trois pouces & demi de haut.

29. Une Tête de Persée, avec ses aîles
& son casque à la maniere Etrusque.
Elle porte deux pouces trois lignes
de haut.

30. Une Figure assise dans un Fauteuil
de Bronze. Elle porte six pouces de
haut, une autre de Fer, de sept pouces. L'on peut croire que ces deux Figures, sont l'ouvrage des anciens Sar-
des : & une Figure de Femme d'Albâtre, c'est vraisemblablement un
ouvrage des Anciens Mexiquains.
Cet article est très intéressant.

31. Deux Figures de Bronze, l'une
d'Hercules, elle est mutilée : l'autre
d'un Soldat tenant une Pâtere. Hauteur de quatre pouces.

32. Une Figure de trois pouces de haut,
& un petit Buste de fabrique très
barbare mais fort ancienne.

33. Un petite Figure de Femme, mutilée, singulierement drapée, elle est
de haute antiquité.

A iij

Bronzes, & autres Morceaux antiques.

34. Une Figure de Vieillard en Bronze, que quelques Antiquaires croient être Saturne, elle est drapée, tenant d'une main une tête de Bélier. Elle porte quatre pouces de haut.

35. Le Buste de Jupiter Sérapis, de trois pouces de haut, sur un pied de Bronze.

36. Une Figure à mi-corps de trois pouces un quart. Elle représente Jupiter tenant de la main droite un petit Vase.

37. Une petite Statue de Jupiter tenant le foudre, le bras gauche manque.

38. Une Figure de Jupiter & une d'Isis, ou Junon moderne. Chacune porte quatre pouce & demi de haut.

39. Un Jupiter assis, de trois pouces & demi, & un petit buste de Junon moderne, d'un pouce & demi.

40. Une Venus & un Jupiter, chacun de deux pouces trois lignes de haut.

41. Quatre Figures de Jupiter, dont la plus haute porte trois pouces, & un Aigle.

42. Deux très jolies Figures antiques, l'une de Pallas, & l'autre une Prê-

treſſe : elles portent chacune quatre pouces & demi de haut.

43. Le Buſte d'un Faune , de quatre pouces.

44. Un Faune , portant un Vaſe, & un Mercure moderne : de quatre pouces & demi.

45. Diane , & Mercure moderne : ces deux Figures ont quatre pouces & demi de haut.

46. Vénus & Rodope, en pendans, chacun de ſept pouces & demi , modernes.

47. Le Soleil & Mercure , l'un porte cinq pouces de haut, l'autre quatre pouces & demi.

48. Deux petites Vénus différentes.

49. Une Figure de Mercure , & une de femme , ſans attributs , chacune de quatre pouces.

50. Une Figure de Soleil , & celle de Mercure.

51. Hercules & l'Abondance, ces deux figures portent chacune quatre pouces.

52. Cinq Figures mutilées , parmi leſquelles eſt une demie Figure ailée, qui ſe termine en pied de Lion , elle porte quatre pouces de haut.

53. Un beau Buſte de Mercure , de quatre pouces de haut.

A iv

54. Une Figure d'Hercules, de trois
pouces de haut, & trois autres Figures mutilées.

55. Une petite Figure de Vénus, fur un
pied d'Ametifte, & un Mercure de
deux pouces & demi de hauteur.

56. Un petit Bufte de Mercure, pofé fur
un pied de Marbre blanc, & deux
Figures d'Amour, dont l'un a des
attributs très finguliers : ils portent
chacun trois pouces.

57. La Fortune & l'Abondance, de trois
pouces chacune.

58. Une Figure Equeftre de M. Aurele,
ce Bronze porte deux pouces & demi ; un Nain, de deux pouces, &
un autre haut de deux pouces & demi.

59. Cinq petites Figures mutilées, dont
entr'autres, un Dieu Efculape & un
Mercure.

60. Un Génie & une Prêtreffe, l'un &
l'autre portant une Pâtere. Trois
pouces de haut.

61. Deux différens enlevemens d'Europe fur le Taureau, un petit Nain,
un Bufte de Mercure & un de Jupiter.

62. Un petit Gladiateur, avec le Bonnet
& le Sabre, Symbole de la Liberté.
Il a trois pouces de haut.

63. Trois différens Génies : chacun de trois pouces de hauteur.

64. Une Figure Equestre, mutilée ; deux Guerriers, & deux Génies.

65. La Fortune & quatre autres Figures, dont plusieurs mutilées.

66. Six Pieces, savoir, deux Masques, un Aigle, un Groupe inconnu, un Fragment de Figures & un Enfant.

67. Une Tête de Bacchante, de deux pouces & demi, une autre de Femme, un Taureau, & un Sanglier sur un pied de Marbre.

68. Deux Lampes antiques, singulieres, l'une avec deux oreilles à griffes, l'autre de la forme d'un pied humain.

69. Deux autres Lampes antiques, composés chacune de Figures & de Masques à face humaine.

70. Une Lampe de forme bizare, surmontée d'une Tête d'animal, posée sur trois griffes en forme de Sphinx.

71. Une autre à-peu-près dans le même goût, mais plus petite.

72. Un singulier Morceau de Sculpture, orné de Figures en bas-relief : il semble avoir été fait pour servir de support à quelques meubles inconnus.

73. Une Lampe compofée d'une Tête chimérique.

74. Quatre Cuilleres antiques, trois Styles, un Vafe, & une Plaque qui lui fert de couvercle.

75. Des poids, des Clefs, des *Phallus*, une petite Lampe &c. en tout dix-neuf morceaux.

76. Dix-neuf autres Morceaux de Fragmens antiques.

77. Dix-fept Fragmens antiques, & un Piedeftal de Bronze.

78. Un Morceau de Dent d'Ivoire, haut de fix pouces, dont le travail eft inconteftablement antique, repréfentant des Sujets de Bacchanales, il mérite très certainement beaucoup de confidération.

79. Un Morceau d'Ivoire qui eft auffi très inconteftablement antique, il repréfente une Figure Confulaire, affife dans une Niche à rideaux, avec deux petites Figures qui les tiennent ouverts. Il porte quatre pouces & fix lignes de haut.

Bis. 79 Deux Urnes Cinéraires, l'une antique, de Verre très bien confervée & fort rare, l'autre d'Albâtre. Elles ont chacune fix pouces de haut.

80. Trois Lacrimatoires dont un caffé, & autres Morceaux de Verre.

81. Un Morceau de Flutte d'os , des Lampes tant entieres que casséés , & autres Fragmens de Poterie antique.

82. Neuf Vases & Lampes , & autres Fragmens aussi de Poterie antique.

83. Cinq pieces , savoir , un Vase , deux autres Morceaux émaillés , un petit Bassin avec des Caracteres Arabes , de Bronze , un Miroir de Métail aussi, avec des Caracteres Arabes.

84. Un Aigle en pied , il porte six pouces de haut , & un Annneau d'Esclave.

85. Une belle Coupe de Bronze antique , d'une belle forme & bien conservée , elle a sept pouces trois lignes de Diametre.

86. Un Lacrimatoire & un autre Vase de Verre , deux Lampes & trois Vases de Terre, avec deux Fragmens, le tout antique.

87. Une Pâtere d'Argent antique, toute unie.

88. Trois différentes Haches antiques de Bronze , & un coin.

89. Une grande Prêtresse tenant une Pâtere , s'apuyant sur un bâton , elle est de Bronze , & porte quatre pouces neuf lignes de haut.

Suite des Bronzes, dont quelques-uns co-piés d'après l'Antique.

90. Une grande & belle Figure de Bronze bien réparée, représentant Mercure, d'après celle de Jean de Boulogne qui est à Florence, haute de cinq pieds. Il manque une Taloniere & le Caducée. Elle est posée sur un Piedestal de pierre de même hauteur.

Bis. 90. Une Figure Equestre de M. Aurele. Ce Bronze porte neuf pouces de haut, non compris un Socle qui est de bois noirci.

91. Un Sauteur, de onze pouces de haut, mutilé.

92. Hercule qui assomme l'Hydre. Il porte neuf pouces de haut.

93. Deux Bronzes en pendans l'un un Crocheteur, l'autre un Porte Bale, chacun de huit pouces.

94. Pluton & Proserpine, en pendans, de neuf pouces de haut.

95. Deux différentes Vénus, chacune porte neuf pouces.

96. Deux pendans, l'un un Soldat Romain, & l'autre une Figure à la quelle les bras manquent; d'environ onze pouces de haut.

97. DeuxFigures de Femmes. L'une repréfente Higée, l'autre la Déeffe de
l'Abondance. Chacune porte cinq
pouces & demi.

98. Une Figure de Pallas, de huit pouces & demi.

99. Une Femme nue, elle s'appuie fur
une Corne d'abondance.

100. Une Figure de Vieille Femme
drapée, d'un beau travail : ce Bronze qui a des beautés diftinguées,
porte fept pouces de haut.

101. Hercule & Diane, ces deux Figures ont chacune cinq pouces de
hauteur.

102. Jupiter & Junon, chacun de cinq
pouces de haut.

103. Efope & Terfite, en pendans.

104. Une Figure gotique d'un coftume
bifare, de fix pouces & demi, & un
Guerrier barbu.

105. Deux Figures de caprice, pour
fervir d'ornemens, chacune de cinq
pouces de haut.

106. Un Vieillard affis fur un Globe. Le
bras manque. Il porte fix pouces &
demi de haut.

107. DeuxFemmes qui portent, l'une
un Sphere l'autre un Globe.

108. Deux Figures de Soldats armés de

Bouclier & de Piques. Chacune sept pouces de haut.

109. Deux Empereurs de Bronze doré, chacun de quatre pouces de haut.

110. Un Joueur de Cornemuse, Figure assise.

Bis. 110. La même Figure.

111. Une Pélerine & un Voyageur, en pendans de cinq pouces de haut.

112. Une Figure d'homme nu, & une de Femme à demie habillée. Le bras est rompu. Elles portent chacune cinq pouces.

113. La Figure d'une Femme & celle d'un jeune Homme, en Cuivre doré, chacune de six pouces.

114. Le Dieu Mars & la Déesse Pallas, en Bronze doré, de cinq pouces de haut.

115. Une Victoire, bas-relief de Bronze doré, de quatre pouces & demi.

116. Un Satyre, de 8 pouces de haut.

117. Un Bas-relief de cinq pouces de haut, il représente deux Génies, dont un tient un flambeau, l'autre s'appuye sur un Sablier.

118. Un Amour avec ses attributs. Il porte sept pouces de haut.

119. Une Figure de Guerrier, deux de Femmes, l'une à demie nue, l'autre

drapée. Toutes trois dorées. Elles portent chacune 4 pouces.

120. Un Amour couché, de quatre pouces de long, il est posé sur un Socle de Marbre.

121 Un Amour portant son Carquois, & un autre tenant le Flambeau de l'Hyménée.

122. Un petit Amour, le bras posé sur un Cippe.

123. Deux Figures. Un Jupiter & la Bergere Grecque.

124. L'Ecorché, d'après Michel Ange, de cinq pouces de haut, non compris un Socle d'Agate sur lequel il est posé.

125. Une Figure d'Homme & une de Femme qui paroît être Flore, chacune ont quatre pouces & demi de haut.

126. Deux Figures de Femmes, l'une vétue & l'autre nue.

127. Un Faune & une autre Figure d'Homme nu, de six pouces de haut.

128. Une Notre-Dame de pitié, très bien réparée & qui paroît avoir été moulée en Cire perdue, & un Ange, de cinq pouces de haut.

129. Une belle Vénus posée sur un pied de Marbre jaune antique. Ses bras & ses jambes, manquent.

130. Une Princesse à genoux sur un oreiller, ce Bronze qui est très fin, a cinq pouces de haut.

131. Une Femme qui se lave les pieds. Elle a cinq pouces de haut.

132. Une jeune Fille à demie couchée, d'environ neuf pouces. Elle est de Fer, & d'un très beau travail.

133. Un Enfant de Bronze, couché sur son lit, long de six pouces.

134. Deux petits Enfans, dont un tient un Chien, ils sont de Bronze, & portent chacun quatre pouces de haut.

135. Deux petits Amours, dont un pleurant, chacun de quatre pouces.

136. Un Satyre assis, dont le pied est rompu, un Enfant de bout fait le pendant. Ils portent chacun quatre pouces.

137. Une Figure nue, de huit pouces de haut.

138. Une Figure Equestre, d'un travail gothique, sur un socle. Ce Bronze a huit pouces & demi de haut.

139. Un Hercule & un Orphée, avec le Chien Cerbere, sur des socles de Marbre.

140. Deux Guerriers à Cheval, l'un a cinq pouces, l'autre trois pouces.

141. Quatre Figures. Deux de Femmes,

dont une est la Déesse Flore, un Joueur de Timbale & un Marchand d'Oublies.

142. Un Faune dansant, & un jeune Homme tenant une pique, chacun de quatre pouces.

143. Quatre Figures, dont deux mutilées, parmi lesquelles est un Jupiter.

144. Une Minerve & cinq autres Figures mutilées. Elles ont chacune environ quatre pouces de hauteur.

145. Sept Bronzes, parmi lesquels sont deux Enfans, de trois pouces de haut.

146. Un Empereur Romain & trois autres Figures.

147. Deux Femmes nues, deux Soldats Romains & un Hercule.

148. Deux Mercures, dont un posé sur un Trépié, une Figure d'homme nu, de six pouces & demi, & deux autres pieces.

149. Dix pieces interressantes, parmi lesquelles il se trouve un très jolie petite Figure dorée sur un Dragon d'Argent.

150. Dix-sept petites Figures de Bronze, dont quelques-unes d'après l'antique, avec trois pieds d'agathe.

151. Trois Enfans & une Figure de Femme.

152. Sept petites Figures , dont la plus forte eſt un Amour.

153. Une Cléopâtre haute de ſix pouces,& deux belles petites Figures dorées.

Bis. 153. Louis XIV , Figure Equeſtre d'aprèsGirardon : ce Bronze qui porte douze pouces ſix lignes de haut , eſt poſé ſur un ſocle de bois noirci.

Sujets de Sainteté.

154. Notre Seigneur, la Vierge tenant un Livre , le petit Jeſus ſur une Tête de Mort, S. Jean-Baptiſte , & deux Figures qui repréſentent l'Annonciation , ces ſix Figures de Bronze ſont dorées.

155. La Sainte vierge tenant l'Enfant Jeſus , un Ange & S. Pierre , ces trois Bronzes ont chacun ſix pouces de haut.

156. La Vierge ſur les genoux de Sainte Anne , qui eſt aſſiſe dans un Fauteuil émaillé. Ce bronze qui a neuf pouces de haut, eſt enrichi de Turquoiſes & autres pierres fines.

157. Trois Bronzes , ſavoir un Reliquaire monté ſur un pied , S. Pierre & un S. Evêque.

158. Un Ange, dont le piedeſtal en Bronze eſt un ouvrage gothique très ſingulier.

159. trois Buſtes de Notre Seigneur, & de la Vierge.

Buſtes.

160. Jupiter dont la Tête eſt de Bronze, le Corps de Marbre antique. Ce Buſte porte onze pouces de haut.

161. Deux Empereurs, dont les Têtes ſont de faux Baſalte, imitant le Bronze antique, les corps d'Albâtre Oriental. Ils portent chacun ſix pouces de haut.

162. Deux Têtes de Femmes en Bronze, ſur des Corps d'Albâtre l'une eſt tranſparente & l'autre opaque, ils ont chacun neuf pouces de haut.

163. Deux Buſtes, l'un de Jules-Céſar, l'autre d'une Impératrice, les Têtes de Bronze, les Corps d'Albâtre. Hauteur de ſix pouces.

164. Trois Buſtes, dont deux de femmes, ils ſont de Bronze.

165. Une Tête Romaine, Chauve, de trois pouces & demi de haut.

166. Trois Buſtes, un d'Enfant, & deux de Femmes, de quatre pouces de haut.

167. Deux Buſtes d'Enfans , une Tête
de Marote & une d'Enfant.

168. Quatre Buſtes d'Empereurs & Impératrices , de trois pouces de haut.

169. Huit jolis petits Buſtes de Bronze.

Bis. 169. Deux Buſtes & trois petites
Figures.

170. Deux Buſtes de Bronze , & trois
Têtes de Fer très bien travaillé.

Animaux & Oiseaux.

171. Une Tête de Cerf portant un Cru-
cifix.

172. Un Bouc , poſé ſur un pied de bois
noirci.

173. Un Taureau , ſur un pied de Marqueterie , & un Lion.

174. Un Taureau & un Cheval , en pendans , avec des pieds de marqueterie.

175. Un petit Taureau ſur un ſocle de
cuivre doré , & un Chien. Tous deux
ont des yeux artificiels.

176. Un Loup & un Mouton en pendant.

177. Un Cheval & deux Chvaux
Marins.

178. Un Chien barbet ſur un ſocle de
Marbre Ser-fontaine.

179. Deux Cerfs & deux Biches.

180. Des Lions, Sphinx, Chiens, Chevre, Taureau; en tout neuf petites pieces.

181. Onze pieces dont une Salamande, un Dragon, une Pantere, un Sphinx, une Grenouille à couvercle.

182. Deux Crabes, & une Grenouille, moulées d'après nature; une Tête Fantastique dans le goût de Callot.

183. Quatre Lézards, deux de Bronze, les deux autres de Pierre verte, posés sur des socles de Marbre.

Figures & autres Curiosités Indiennes & Chinoises.

184. Un Animal portant une espece de Chapelle dont le dessus se léve. Le tout a sept pouces de haut.

185. Une Chapelle Indienne ceintrée, avec trois Figures de Divinitées : ce morceau a sept pouces & demi de hauteur.

186. La Déesse Sida, de bout, de cinq pouces & demi, y compris un socle.

187. La même Figure assise, de deux pouces & demi.

188. Une autre Divinité assise, à tête d'Eléphant, de pierre. C'est une espece de Marbre dur.

189. Un Confucius en terre ancienne, de la Chine, posé sur un socle de Marbre brêche d'Alep.

190. Un Rocher ou Pagode, avec des Bronzes dans des niches. Haut de treize pouces, il est d'une matiere tendre qui nous est inconnue.

191. Un Confucius, & une autre Figure, imitée du goût Chinois.

192. Deux Oiseaux à long col & longues jambes, sur des Rochers. Ils sont de Bronze, & portent un pied de haut.

193. Une Cassolette de Bronze & une Téiere de fer.

194. Deux petits Vases, & une Cassolette.

195. Deux Cloches Chinoises.

196. Un grand Vase à anse, & Masques Indiens émaillés, de quatorze pouces de haut.

197. Deux Vases damasquinés, un autre avec son couvercle gaudroné, & deux autres pieces.

198. Une très belle Cassolette cylindrique, avec son couvercle percé à jour, sur lequel est un Enfant, qui tient un Sablier. Elle porte un pied de haut,

Bas-relief de Bronze.

199. Deux Têtes pour appliquer sur des fonds , elles représentent la Reine Anne , & Henri II.

200. Deux autres Têtes *idem* , représentant un Empereur & une Impératrice.

201. Un grand Bas-relief , Sujet de Bacchanale de dix-huit pouces de haut , & un petit de sept de haut,

Figures , Bustes , Bas relief de Marbre , & Albâtre.

202. Deux Figures de Saints , chacune de treize pouces de haut , & trois autres morceaux gothiques.

203. Une Charité Romaine , Figures nues , d'un goût gothique.

204. Une Statue d'Hercule , avec Cerbere , elle porte vingt & un pouces de haut.

205. Bacchus tenant d'une main un Raisin. Cette Figure est restaurée en plusieurs endroits.

206. Une Amphitrite d'après Anguier, de deux pieds de haut, y compris son socle.

207. Vénus assise tenant une Coquille,

de onze pouces de haut.

208. Un Amour couché, posé sur un
pied de Marbre noir, & deux Bas-
reliefs mutilés dont un repréfente
une Figure Equeftre.

209. Le Bufte de François Premier. Orné d'attributs qui décorent la Majef-
té Royale. Ce morceau qui paroît
être fait de son tems, par un Artiste
diftingué, eft d'une très belle exécu-
tion & bien confervé, on le croit
unique ; il porte dix pouces de haut,
fur quatorze pouces de large, posé
fur un focle de bois doré, de quatre
pouces.

210. Deux Buftes de Marbre blanc,
dont un, l'Empereur Tite. Chacun
un pied de haut, ils font pofés fur
des Gaînes de Marbre plaqué, dont
les Paneaux font de brêche d'Alep,
les Chapiteaux, Bafes & les Corps
de Marbre blanc.

211. Deux Buftes de Femmes de même
hauteur que les précédens, auffi pofés fur des Gaînes de Marbre plaqué,
De vert de mer, & Marbre blanc.

212. Trois autres Buftes, dont un eft
l'Empereur Vitellius.

213. Le Bufte d'une Impératrice, dont
le nez eft reftauré, la Tête eft antique,

que, & d'un grand mérite. Il porte un pied de haut.

214. Un Vase à deux anses, d'Albâtre Oriental. Il porte seize pouces de haut.

215. Un Vase d'Albâtre avec son couvercle, enrichi d'ornemens très délicatement travaillés : il porte huit pouces de hauteur ; son Diamêtre est de neuf pouces.

216. Deux autres Vases de différentes formes, chacun de quatorze pouces de haut.

217. Deux autres Vases aussi d'Albâtre, ils sont en pendans, & portent seize pouces de haut.

218. Quatre Frises en Bas-relief très saillant, enrichies de Masques, Feuillages & autres ornemens. Elles ont chacune trente trois pouces & demi de long, sur sept pouces & demi de haut. Le travail est très savant & délicat : c'est du très beau en ce genre.

219. Cinquante trois Bustes d'Empereurs, Impératrices & autres qui seront détaillés en plusieurs articles.

220. Quarante quatre Médaillons d'Empereurs, Impératrices, Rois, Princes & autres qui seront aussi détaillés lors de la Vente.

B

221. Plusieurs Sujets en Bas relief de Marbre, qui seront aussi détaillés.

Terre cuite.

222. Un Modele de Femme drapée, haute de seize pouces, sur un socle de bois.

223. Deux Cylindres, avec des Figures d'Enfans, groupés au pourtour, par Sarazin, ils ont chacun six pouces de haut, & sont en couleur de Bronze.

224. Le Buste de Jupiter, de quatre pouces & demi de haut.

225. Le Buste de Cristine Van Bel Déers, fait en 1593, forte nature.

Portraits en Email, Pierres gravées Antiques & Modernes, montées & hors d'œuvre.

226. Soixante quatre Empreintes en verres & en soufre, ou cire d'Espagne, d'après des Pierres gravées.

227. Trois Morceaux, dont une Empreinte de Terre sigillée.

228. Un portrait d'Homme en Email, par Petitot.

229. Un Bracelet monté en Or, avec un Portrait aussi de Petitot.

230. Deux Emaux de Dévotion, peints
sur Or.

231. Dix Morceaux, petits Portraits en
Email, Miniature, Nacre &c.

232. Trois Pierres gravées, savoir un
Camé & deux en creux, dont l'un
est de Lapis.

233. Deux Camées, l'une grande représentant une Minerve, l'autre une
jolie Tête de Femme de trois quarts.

234. Deux autres Camées, l'un très de
Relief, représentant un Enfant,
monté en Argent; l'autre plus petit, une jeune Fille.

235. Une Tête de Roi sur Prime d'E-
méraude, & *Dedale* sur Jaspe antique. Ces deux pierres gravées en
creux, sont montées en Cuivre.

236. Quatre Pierres en Camées modernes, dont un sur Coquille, un autre sur Albâtre.

237. sept Pierres gravées en creux, dont
cinq sont antiques.

238. Cinquante Pierres gravées, la plûpart en creux, presque toutes antiques, parmi lesquelles il y a plusieurs Talismans Egyptiens, & un
Camée.

239. Une très belle Bague de Cornali-

ne , montée en Or , repréfentant le
Bufte d'un Roi barbare.

240. Une autre Bague auffi de Cornaline , repréfentant Vénus accompa-
gnée d'une autre Figure , avec une
infcription en Grec , monté en Or.

241. Une Femme de bout , avec des
attributs finguliers : gravé fur un
Jafpe rouge , monté en Or.

242. Deux Pierres antiques , montées
en Or , favoir une Prime d'Eméraude repréfentant la Louve avec Ré-
mus & Romulus , l'autre une Victoire fur Grenat.

243. Une Bague tournante de Cornaline montée en Or , repréfentant le
Roi & la Reine.

244. Une Tête de Jupiter , un groupe
de deux Figures ; ces deux pieces
font gravées fur Jafpe montés en
Or.

245. Deux Bagues de gravure moderne
dont une de compofition.

246. Une bague montée en or , repréfentant un Talifman Egyptien , gravé fur Jafpe.

247. Une Onix & une Cornaline , gravées & montées en Bague d'Or.

248. Six Bagues de compofitions mou-

lées, d'après des Pierres antiques &
autres, montées en Or.

250. Cinq autres de même, l'une montée en Argent, les autres le font en
Cuivre.

251. Une Belle Copie de Scipion, du
Cabinet du Roi, gravée fur Cornaline, monté en Or.

252. Une Ditte, Néron & Poppée en
regard, moderne & belle.

253. Deux Têtes de Femmes fur Cornaline montée en Or, dont une
Emaillée moderne.

254. Une Bague repréfentant une jolie
Tête de Femme.

355. Une Tête couronnée de Laurier,
antique, gravée fur Cornaline, montée en Or.

256. Une Bague de Jafpe d'Egypte,
montée en Or, belle Tête de jeune
Homme à poil folet, antique.

257. Une Tête de Femme voilée, gravée fur Sardoine par *Barier*, montée
en Or.

258. Une Bague tournante, de travail
Etrufque, gravée en creux des deux
côtés fur Onix, l'un repréfente une
Figure, l'autre un Char.

259. Une autre Bague montée en Or,
Tête de Femme, moderne, fur un
Saphir d'eau.   B iij

260. Œil de Chat, gravure Moderne, monté en Bague d'Or émaillé, il y a sur l'anneau, des Rubis & des Emeraudes.

261. Une Tête de Femme moderne, gravée sur Onix, montée en Or, avec deux petits Rubis.

262. Une Bague de Sardoine, représentant une Tête de Femme casquée, moderne.

263. Une Tête d'Hercule sur Cornaline Onix, montée en Or.

264. Une Bague de Cornaline, Tête moderne montée en Or, avec deux petites Eméraudes.

265. Une Bague de Saphir d'eau, gravure moderne, montée en Or émaillé.

266. Deux petites Têtes modernes, gravées sur Amétiste, montées en Or.

267. Deux autres Dittes, montées en Or.

268. Une Bague de Jaspe pâle, montée en Or, Tête de Femme moderne.

269. Une Ditte aussi de Jaspe moderne, montée en Or.

270. Une Tête de Femme voilée, moderne gravée sur Jaspe sanguin, montée en Or.

271. Deux Têtes de Femmes modernes, gravées sur Jaspe, montées en Bagues d'Or.

272. Cinq Bagues de Cornaline, gravures Angloises, montées en Or.

273. Quatre Bagues, dont une montée en Cuivre, les autres en Or.

274. Une Tête d'Enfant en Relief sur agate, entourée de Diamans, montée en Or.

275. Une Grosse Pierre chatoyante, montée en Or.

276. Une Bague composée de neuf petites Opales, montée en Or.

277. Une Opale montée en Or émaillé.

278. Une Bague montée en Or, Tête d'Enfant en Relief, gravée sur une Jacinthe.

279. Une Tête d'Enfant en Relief sur Cornaline, montée en Or émaillé.

280. Une Tête d'Enfant en Relief, gravée sur du Corail, & une Tête barbue, gravée sur acier, toutes deux montées en Or.

281. Un petit Camée avec Figures, monté en Or.

282. Une Tête de femme en creux sur Emeraude.

283. Deux Têtes gravées sur Sardoine,

l'une d'Homme, l'autre de Femme,
Montées en Or.

284. Une Bague montée en Or, elle
repréſente la Fortune, antique, gravée en creux ſur une Onix barée.

285. Trois petites Agate-Onix montées en Or.

286. Une Tête barbue & caſquée,
gravée en creux ſur Agate-Onix,
montée en Or.

287. Une Sardonix, Tête de Femme,
montée en Or.

288. Deux Cornalines montées en Or,
dont l'une eſt un aſſemblage chimérique de face humaine, l'autre une
Tête de Femme caſquée.

289. Deux Bagues antiques, montées
en Or, dont l'une eſt une Sardoine,
& l'autre un Jaſpe.

290. Deux Criſtaux ou Topaze de Saxe,
montées en Bagues, dont une gravée en creux.

291. Une Crapaudine montée en Or.

292. Deux Reliefs. Un Lion & une Tête barbue, en Camée montée en
Or.

293. Trois Bagues montées en Or, ſavoir, une Prime d'Emeraude, un
Grenat gravé, & une Pierre Chatoyante.

294. Quatre petits Portraits en Miniature montés en Bague d'Or représentans la Reine Mere, Louis XIV, la
Reine sa Femme & le Grand Dauphin
Enfant.

295. Trois petites Pierres gravées, antiques, dont une petite tête de Femme, avec caracteres sur Cornaline.

296. Sept petites Bagues montées en
Or, différentes gravures modernes.

297. Neuf Bagues montées en Or.

Bis. 297. Une Bague d'Or, monture
antique, & un Cachet moderne,
aussi monté en Or.

Monnoies d'Or, d'Argent, Bilon &c.

298. Cinquante sept pieces de Monnoies d'Or, parmi lesquelles il s'en
trouve de très anciennes de France, & différens Pays. Elles pesent
sept onces deux gros seize grains.

299. Deux cens quatre Pieces d'Argent
Monnoies de France & de Loraine,
tant anciennes que modernes, pesans trois marcs sept onces six gros &
demi.

300. Monnoies d'Argent des Pays
Etrangers, au nombre de trois cens
vingt six, pesans sept marcs six gros
& demi.   B v

301. Deux cens quatre-vingt dix-sept Pieces d'Argent, de différens Pays Etrangers & de France : elles pesent trois marcs sept onces demi gros.

302. Monnoies de Siam, Japon, Mogol, Pegu, Madras, Turquie & autres Pays hors l'Europe : il y en a, savoir, quatorze en Or, trente deux en Argent. Le surplus en Cuivre & Etain, en tout cinquante six pieces.

303. Quatre cens soixante & deux Pieces, Monnoies de Billon de Suisse, Allemagne, Dannemarck, Suede, Espagne, Italie & autres Pays Etrangers. Toutes pesent ensemble, trois marcs trois onces un gros & demi.

304. Autres Monnoies de même matiere de différens Pays, au nombre de deux cens soixante & dix-huit, pesant deux marcs un once.

305. Trois cens quatre Pieces de Billon de France & Loraine, dont parties très anciennes. Pesent deux marcs un once trois gros.

306. Deux mille huit cens quarante cinq Pieces Monnoies & Jettons de France & Pays Etrangers, en Bronze.

307. Cinq cens soixante & sept autres *idem*, de divers Pays.

Médailles d'Or Antiques, du Haut Empire.

308. Sept Médailles des douze premiers Céfars, favoir, deux d'Augufte, une de Claude, une de Néron, Vefpafien, Tite, & une de Domitien.

309. Douze autres Médailles qui font une de Trajan, Plotine Fauffe, Hadrien, Ælius Céfar, de coin moderne, trois Antonin le Pieux, deux M. Aurele, une Fauftine la mere, deux de L. Verus.

310. Deux Médailles, l'une de Trajan Dece, au revers, *Abundatia.* L'autre d'Herennius Etrufcus, r. *Principi Juventutis.*

Medailles d'Or du Bas Empire.

311. Deux Médailles. Dioclétien. r. *cos. IIII.* & Flavius Severus. r. *Jovis confervator.*

312. Une Médaille de Magnus Maximus, une de Libius Severus, une derniere de Majoranus & une d'Anthémius.

313. Neuf Médailles, favoir, deux de Théodofe, une d'Honorius, une

Gratien , Placide Valentinien , deux de Zenon , une de Justinien , & une de Léon.

314. Quatre Médailles d'Héraclius & Constantin , une de Phocas &c.

315. Treize Quinaires d'Empereurs du Bas Empire , & une Médaille du même tems.

Médailles d'Or de France.

316. Douze Médailles Gauloises de bas or , à différens titres.

317. Un Médaillon d'Or de Tibere , moulé d'après une Médaille du Padouan, pese une once un gros & demi quinze grains.

318. Une Médaille d'Or pesant deux onces quatre gros , & dix-huit grains. Elle représente Louis XIV , & au revers la Reine Veuve de Louis XIII , gravés par Warin.

319. Louis XIII , Louis XV , & autres Médailles dont plusieurs sont très anciennes, en tout quatorze , pesant un marc une once deux gros & demi , trois grains.

Médailles d'Argent.

320. Trente cinq Médailles , dont la

plus grande partie eſt rare, elles repréſentent des traits ſinguliers, de
différens Pays, Elles peſent quatre
marcs deux onces demi gros.

321. Soixante & cinq Médailles ou
Pieces Hiſtoriques de France, & de
Loraine, peſans cinq marcs ſept on-
ces cinq gros & demi.

322. Cinquante & une Médailles de
différens Pays Etrangers. Elles peſent
quatre marcs ſept gros & demi.

323. Quatre Médaillons dont Léopold I,
Empereur des Romains, le Roi &
la Reine de Suede. Ils ſont entourés
de cercle en Bronze.

324. Quatre-vingt ſept pieces de différentes grandeurs & aloi, de Rois,
de Villes; Potins Egyptiens des Empereurs & quelques Gauloiſes.

325. Quatre-vingt cinq Médailles Con-
ſulaires.

326. Cinq cens une Médailles des Empereurs, dont cent ſoixante & dix-
huit, juſqu'à Septime Severe, & le
reſtant juſqu'à Poſtume.

327. Cent ſoixante quatorze Médailles
fauſſes des Empereurs.

328. Quatre-vingt-une pieces doubles,
ou dont la conſervation n'eſt pas parfaite.

329. Quatre-vingt-trois Pieces de Billon , & un Cullot de Médailles auſſi
de Billon.

Médailles de Bronze.

330. Deux cens quarante trois Médailles de Papes , dont pluſieurs ſont du
célebre *Hameranus* , Graveur Italien.
Cette ſuite eſt très intéreſſante.
331. Cent vingt ſix Médailles de Rois ,
Princes &c. des Pays Etrangers, dont
pluſieurs de la plus grande rareté.
332. Cent vingt cinq Médailles & Pieces Hiſtoriques de France & de Loraine. Pluſieurs ſont très anciennes.
333. Cent deux Médailles de Papes ,
Princes , & Artiſtes : pluſieurs ſont
doubles des Articles précédens.
334. Trente deux Médailles modernes ,
dont une très grande repréſentant le
Préſident Janin , gravé par Dupré.
335. Cinquante quatre Médailles modernes , de Princes , Prélats & Parti-
culiers.
336. Vingt-trois Pieces , tant Médailles
que Bas-reliefs modernes.
337. La ſuite des Médailles de Loraine
par St. Urbin , au nombre de quarante une pieces.
338. Une ſuite des Jettons des Rois de

France, au nombre de soixante &
cinq.

339. Dix Pieces, dont cinq sont des
poids Romains, les autres des monumens du moyen âge.

340. Quatre cens cinquante six Médailles de grands Bronzes, dont quarante huit Greques & Egyptiennes.

341. Soixante & dix-neuf Médailles
frapées ou moulées d'après l'antique,
séparées de la suite du grand Bronze.

342. Cent soixante & dix Médailles
antiques, pour la suite du grand
Bronze, la plûpart du bas Empire.

343. Des Monnoies Arabes, Gauloises, & autres Pieces anciennes.

344. Trois différens Lots, l'un de Pieces modernes, la plûpart moulées,
parmi lesquelles il y a des Médailles
de dévotion. &c. Le second de Pa-
douanes moulées, & autres Médailles fausses, & le troisieme de Médailles antiques.

345. Un Medaillier de bois de chêne,
composé de quarante Tablettes, rempli de petites Médailles du bas Empire, & de moyen Bronze & autres.

346. Un autre petit Medaillier antique de même, de douze Tablettes,
aussi rempli de Médailles de toute espece.

Desseins de diverses Ecoles.

23 19 347. Quatre Desseins qui viennent du
Cabinet de feu Monsieur Crozat,
dont le Christ au Tombeau, rehauf-
sé de blanc, par Raphael Sancio
d'Urbin, & S. Jérôme dans le De-
sert, de Jérôme Mucian.

23 19 348. Une Etude de Femme à la plume,
que l'on croit de Raphael, une Bataille par André Del Sarte, & huit
autres Desseins de différens Maîtres.

8   349. Vingt-huit Desseins de Fra Bartolo-
mé, de Saint Marc, Tadée Zuccaro,
Luc Cangiage, & autres.

17 2 350. Dix Desseins, dont quatre Etudes
de Mains & d'Animaux, peintes en
Pastel, par Frédéric Baroche d'Urbin.

12 1 351. Huit Desseins de François Prima-
tice, Zuccaro, Battista Zellotti &
autres Maîtres Italiens.

17   352. Dix Etudes de Têtes, Sujets &
Paysages, par Annibal & Augustin
Carrache, & autres.

12 1 353. Huit Desseins, Paysages & Marines, dont plusieurs de François *Gri-
maldi.*

14 10 354. Deux Desseins d'*Andrea Vincen-*

tino, un d'Alexandre *Algardi*, deux grands Paysages, de Gaspre du Ghet, & autres : en tout douze.

355. Quarante un Desseins Italiens, Sujets, Paysages & Arcs de Triomphe.   7   3

356. Vingt-huit Desseins de différens Maîtres.   22

357. La Famille de Darius au pied d'Alexandre, dessinée à la plume, & rehaussée de blanc, par Jean François *Barbieri*, dit le Guerchin, la mort de S. François, lavée au Bistre par Jacques Cavedon, & une Présentation au Temple dessinée au Crayon noir & rouge, par Jean François Romanelle.   60

358. Quatre Desseins à la plume, savoir, un S. Jérôme de Joseph de Ribera, un Paysage avec Figures, par le Guerchin, un Sujet composé de trois Enfans, par François Albane, & S. Bruno dans un Paysage, où se voit une Gloire par Jean-Baptiste *Gauli* dit le Bachiche.   48   1.

359. Un Recueil (*in* 4°.) contenant cent vingt trois pieces d'Architectures & Antiquités Romaines, dessinées d'une plume facile, par André *Palladio*.   30   1.

13　10　360. Soixante & douze Desseins Italiens.

16　4　361. Soixante huit Desseins de différens Maîtres Italiens & François.

8　10　362. Un très beau Dessein de Lucas de
Leyde, au Crayon noir & lavé de
bistre, représentant des Soldats armés qui emmenent des Religieux,
un autre Sujet par Rimbrandt Van
Rhyn, deux de Léonard Bramer,
& un Paysage de Livens.

3　3　363. Sept Desseins de Lucas de Leyde,
Rimbrandt & autres.

15　　364. Un joli Paysage de Lucas Van
Vden, à la plume, & coloré.

16　19　365. Trente neuf Desseins de différens
Maîtres Flamands.

37　　366. Deux Desseins à la plume, & lavés
par François Quenel Peintre d'Henri III. Une Sainte Famille au Crayon
rouge, par Loyr, quatre Desseins du
Poussin, Moyse sauvé des Eaux &
un grand Paysage.

15　　367. Trente Desseins de différens Maîtres.

29　2　368. Un très beau Dessein de Eustache
le Sueur, deux de Verdier, trois
Frises par Chapron, & deux Vues;
dont celle de la Cascade de Tivoli,
par Forest.

369. Dix Desseins de Voët, Le Sueur, 13 5
Dorigny, Milcent & autres.

370. Vingt sept Desseins de Perier, 21 L
Cotel, Bœtard &c.

371. Trente Desseins de différens Maî- 8 ?
tres François.

372. Trente quatre Desseins de la Fosse, 19 3
Verdier & autres.

373. Quarante quatre Desseins de diffé- 4
rens Sujets historiques.

374. Soixante & dix-sept autres Des- 9 16
seins.

375. Quatre-vingts Desseins, dont 20 1
plusieurs Sujets de Sainteté.

376. Sept Desseins, dont deux grands 6 6
par Bœtard.

377. Deux cent Desseins, divers Sujets. 21

378. Soixante & treize Desseins, dont 18
plusieurs de Modes, coloriées.

379. Dix-sept Pieces représentans des 3
Figures Chinoises, coloriées sur papier de Soie.

380. Cartes Particulieres, par Gouver- 17
nemens de la Province de Dauphiné,
ensemble les Plans des Villes & Pla-
ces fortes de ladite Province, &
lieux adjacents, en quarante cinq
feuilles dessinées & coloriées, in fol.
oblong parchemin.

381. Vingt-deux Cartes dessinées & 5 6

proprement coloriées pour les Gabelles de France, par Sanson en 1665, avec des Tables très bien écrites, qui constate le revenu de chaque Généralité.

72 382. Histoire abregée de Ravanen Roy des Géants, & des autres Géants de la race, représentée en vingt-cinq Figures qui ont été apportées de la Côte de Malabar en France 1755, & quinze autres différens Sujets de Figures de la Chine, Turquie & Perse : toutes coloriées. Cette suite est très interessante pour l'Historique.

3   2 383. Quarante six Desseins de Fortifications colorées.

13   384. Soixante sept Plans de différentes Vues de France, dessinés & colorés.

36   385. Trente six autres Plans de différentes Villes de France & autres.

12   386. Quinze Morceaux. Cartes, Traits & Ecritures à la main.

20   12 387. Cent cinquante Desseins d'Académies & autres.

Estampes en Feuilles.

25   388. Sept Estampes de Marc Antoine, d'après Raphaël, deux par Bonazone belles Epreuves, le Massacre des

Innocens, d'après Boccius Florentin,
& une Sainte Famille gravée par
Chérubin Albert.

389. Les Actes des Apôtres ou les Cartons d'après Raphael, gravés par
Dorigni, en sept Pieces non compris le Titre. Epreuves superbes.

390. Trente une Estampes d'après Raphael, Julle Romain & autres Maîtres Italiens,

391. Douze Estampes d'après le Domi-
niquin & autres dont une Annonciation gravée par Frédéric Baroche.

392. Douze Estampes d'après les Tableaux de Rubens, qui sont dans le
Palais du Luxembourg, dont trois
grandes. Cinq de la Grotte de Verfailles, les Bains d'Apollon fi trouve
de l'édition de Goyton.

393. La levé du Siege d'Arras, par de
la Belle, premiere épreuve avec le
Cheval blanc.

394. Quatre vingt sept Estampes, dont
dix d'Hollard, entre autres le Titre
du Monasticon Anglicanum.

395. Cinq Estampes de Wouverman,
gravée par Moyreau & Beaumont,
& quatre d'après Wateau.

396. La Foire de Nancy par Callot,
ancienne Epreuve.

397. Vingt - cinq Eſtampes, dont la chûte des Anges d'après Rubens, par R. Van Orley & la Theſe de le Moine, par Cars, très belles Epreuves.

398. Cinquante deux Eſtampes d'après Gillot, Boucher, la Joue & autres.

399. Soixante cinq Eſtampes de différens Maîtres, dont quarante trois inventées & gravées par Gregoire Huret, anciennes Epreuves, pluſieurs ſont avant la Lettre.

400. Cent dix huit Eſtampes, anciennes & modernes.

401. quarante quatre Sujets de Batailles & Sieges d'après A. Benoît, par du Boſc Graveur Anglois.

402. Trente-ſix petites Eſtampes, Sujets d'Animaux, par Redinger, toutes belles Epreuves.

403. Douze Mauſolés, dont ſept gravés par M. Cochin.

404. Quatre grandes pieces du Mariage de Louis Dauphin de France, avec l'Infante d'Eſpagne, par M. Cochin, & un Grand Bal où eſt la Princeſſe d'Orange, Epreuves choiſies.

405. Les quatres pareilles Eſtampes du Mariage de Monſeigneur le Dau-

phin, & le Feu tiré à Verfailles à
l'occafion du Mariage de Madame
Louife.

406. Teize Pieces de Fêtes & Catafal-   7   9
ques.

407. Trois Eftampes, favoir, la Fête 18   2
du Cardinal de Polignac à Rome,
la Décoration élevé fur terraffe de
Verfailles, à l'occafion du Mariage
de Madame Louife, & le Monu-
ment élevé à Rennes par les Etats de
Bretagne, d'après Jean-Baptifte le
Moine, Sculpteur, gravé par Nicolas Dupuis, très belle Epreuve, &
d'une parfaite condition.

408. Sept Eftampes de Sébaftien le   9   13
Clerc, dont les Arquebufiers de Nan-
te & un Ecran Royal : pieces rares.

409. Dix huit Eftampes, dont trois   5   10
Sujets grotefques, gravés en Angle-
tere.

410. Seize Portraits en maniere noire,   5
dont la Veuve & le Duc de Glocef-
ter, par Smith.

411. Vingt-trois Portraits d'après Ru-   11
bens & Van Dyck, dont Philippe IV.
& Elifabeth de Bourbon, par Pon-
tius, très beaux d'Epreuves.

Bis. 411. Douze Portraits d'après Van   8   ?
Dyck, & les Empereurs, de Rubens,
en treize pieces,

5 15 412. Soixante Portraits d'Edelinck, Morin, Pitau & autres.

7 1. 413. Soixante quatre différens Portraits Personnes Illustres & autres.

8 1 414. Trente six Portraits de Personnes distinguées, gravées par Morin, Edelinck, Nanteuil, Schimdt, &c.

5 10 415. Trente Portraits de Plénipotentiers qui étoient à la Paix de Munster.

9 8 416. Vingt-quatre Portraits intéressants de Personnes Illustres Etrangeres.

6 5 417. Soixante sept Portraits d'Empereurs, Rois, Princes &c. des différens Royaumes de l'Europe.

6 19 418. Cent dix Portraits de Personnes Illustres.

      419. Cent trente Portraits. *idem.*

5 16 420. Treize Portraits d'après Hyacinthe
24   Rigaud, dont M. Dangeau avant la Lettre, & M. de Villards par Drevet, premiere Epreuve.

4 10 421. Neuf Portraits d'après Largilliere, & huit de Rigaud, dont plusieurs peu communs.

3 2 422. Vingt-trois différens Portraits de Nanteuil, & un de Masson.

2 1 423. Trente quatre Portraits de Rois & Reines, gravés en Angleterre, les
Por-

Portraits des Souverains, Princes &
Ducs de Brabant, avec leurs Chrono-
logie, Armes & Devises, en cinquante
Pieces. Et vingt-huit petits Portraits
de Peintres Italiens & François.

424. Cent onze Portraits de Rois, Prin- 8 1
ces, Princesses, Hommes Illustres &
autres.

425. Cent dix-sept Pieces, la plus gran- 10
de partie est Historique.

426. Quatre-vingts Estampes, *idem*. 6 3

427. Quatre-vingt sept Pieces de Sujets 19
Historiques.

428. Vingt-six différens Sujets Histo- 12 16
riques, dont treize grandes Pieces,
anciennes Epreuves, gravées par Romain de Hooge.

429. Cent dix Pieces Historiques, Mé- 5 19
dailles, & autres.

430. Cent six autres Estampes. 6 7

431. Cent douze Morceaux, le plus 6 1
grand nombre de Sujets Historiques.

432. Cent soixante seize Estampes *idem*. 9

433. Cent vingt autres Pieces. 3 19

434. Cent Estampes Historiques. 2 12

435. Cent autres Estampes. 10 19

436. Quatre vingt six Almanachs His- 2 12
toriques.

437. Cent quatre-vingt-quatorze Es- 7 12
tampes Historiques.

C

438. Cent trente six Estampes Topographiques, Historiques & autres.

439. Trente Estampes Historiques, & le Pont-Neuf de Vander Meulen, par Huctenburg, beau d'Epreuve.

440. Cent quatre Estampes Historiques, & cinq Etudes d'Animaux & Paysages peintes à huile.

441. Quatre-vingt quatre Estampes Historiques.

Bis. 441. Soixante une Theses, & Pieces pour l'Histoire.

442. Quatre-vingt-deux Cartes Géographiques, Topographiques & Pieces de Méchaniques.

442*. Cent soixante quinze Cartes id.

443. Soixante Cartes Géographiques, Plans &c.

443*. Quarante Feuilles Généalogiques de différentes Maisons de France & Pays Etrangers.

444. Vingt-trois Plans, Vues de Mer & autres.

444*. Soixante Plans & Vues de différentes Villes de France, dont plusieurs peu communes.

445. Quatre-vingt-cinq Vues de Villes de France & autres.

446. Deux cent quarante Estampes de différens Maîtres d'Italie, & de France.

447. Cent quatre-vingt-trois Estampes 3
d'antiquités.

448. Vingt-une Estampes, tant Origi- 10
nales que Copies de Callot & le
Clerc.

449. Cent vingt-huit Estampes de Sé- 9
bastien le Clerc.

450. Trente - une Estampes d'Albert 8
Durer, Lucas & autres.

551. Soixante onze Figures & Bustes, 8
gravées d'après l'antique.

452. Onze Vues de Tivoli, dix d'une 2
Maison de Plaisir du Roi d'Espagne,
douze Actions glorieuses de S. A. S.
Charles de Loraine, & une suite
d'Architectures, inventées par H.
Vriese, gravée par Cock. En tout
quatre-vingt-quinze Estampes.

453. Cent quatre-vingts Estampes, Su- 7
jets de Batailles, Paysages & autres.

454. Cinqcents petites Estampes diver- 10
ses.

455. Quatre-vingt-quinze Mausolées, 3
Epitaphes, Tombeaux & autres Pieces.

456. Cent cinq Estampes pour l'Histoi- 3
re Romaine.

457. Soixante sept Estampes d'Arcs de 4
Triomphes, Vues de Maisons Roya-
les, & autres Pieces.

458. *Racolta di Varii Cappricii*, en dix-huit Pieces, par de la Belle : les Estampes du Temple des Muses, en vingt-quatre Pieces, y compris le Frontispice, qui représente les Géans, que l'on met dans l'Œuvre de Callot. &c,

459. Vingt-cinq Estampes, inventés & gravées par Grégoire Huret.

460. Vingt huit Portraits, trois Frontispices de Grégoire Huret, très intéressans & beaux d'Epreuves, la Sainte Face de Mellan, & neuf Estampes diverses.

461. Quatre Estampes de l'Histoire de Tobie, d'après Wtenbroeck, par J. V. Velde. Les Gourmeurs de Villamene, & la Paix de Munster d'après Terburck, par Suyderœf.

462. Quatorze Estampes, d'après Van-der Meulen.

463. Trois cents soixante-seize Estampes, dont cent cinquante-six, sont des Fontaines de Rome.

464. Quatre-vingt-cinq Estampes, dont une suite de Termes d'Animaux, en cinquante une feuilles.

465. Quatre - vingt - cinq Portraits, plusieurs d'après le Titien & Tintoret.

466. Soixante quinze Eſtampes de Callot, le Clerc, la Belle, Picart & autres.

467. Soixante dix Eſtampes d'Italie, des
Pays-Bas & de France.

468. Deux cents vingt-quatre Pieces,
dont pluſieurs de Vierix.

469. Trois cents Eſtampes diverſes.

470. Cent deux Eſtampes d'Italie & de
France.

471. Deux cents Eſtampes diverſes,
dont pluſieurs Vues de Rome coloriées, propre pour l'Optique.

472. Des Médailles du Cabinet du Roi,
& autres, dont cinquante-une Feuilles par le Clerc.

473. Trois cents quarante deux Eſtampes d'antiquités, & autres Pieces.

474. Un Porte-feuille, contenant des
Eſtampes d'antiquités & Médailles.

475. Un autre Porte-feuille, contenant
auſſi des Eſtampes de Médailles,
Monnoies, Antiquités & Plantes.

476. Quatre cents onze Eſtampes de
Médailles, par Mademoiſelle Ché-
ron, Vaſes de Polydor, Statues d'a-
près l'antique &c.

477. Deux cents vingt Eſtampes diverſes
dont Soixante Portraits, pour la Vie
des Peintres de M. Dargenville.

478. Quarante ſept Eſtampes d'après

Rubens, Van Dyck & autres.

479. Quatre-vingt-dix-sept pieces sur
l'Histoire Naturelle.

480. Cent soixante dix Pieces de Frises
& autres.

481. Deux cents quinze Estampes de
différens Maîtres.

482. Cent cinquante deux Estampes,
Taille en bois & autres, d'après divers Maîtres.

483. Cent soixante quatre Estampes
diverses.

Suites d'Estampes en Feuilles, & Reliées.

484. Les Médailles du Regne de Louis
XV, par Godonnesche, *in fol. v.*

485. Le grand Escalier du Château de
Versailles, dit Escalier des Ambassa-
deurs, ordonné & peint par Charles le Brun, en vingt-une Pieces. Manquent les neuvieme, onzieme & dix-
huitieme.

486. Description de la Grotte de Versailles, avec les Estampes, au nombre de vingt, très belles Epreuves,
Edition de Goyton, *in fol.* en Feuilles.

487. Le Recueil des Estampes de M.
Crozat, en cent quatre-vingt-une Pie-

tes, premieres Epreuves, avec les dif-
férences qui les caractérisent.

488. Les Estampes des Tableaux du Cabinet de M. Boyer d'Aguilles, en
soixante pieces.

489. Les Tombeaux qui se voient à S.
Denis, en onze pieces, compris le
Plan de l'Eglise.

490. La Colonne Antonine, par *Petro
Sancti Bartolo*. Ancienne Epreuve,
in fol. obl. & l'Ancienne Colonne
Trajanne, aussi *in fol.*

491. La Galerie Panfila, d'après Pietre
de Cortonne, en quinze pieces, compris le Titre : la Galerie Farneze,
gravée par Carlo Cesius, d'après
Annibal Carrache, en trente Feuilles
imprimées en rouge. *in fol. obl. v.*

492. La même Galerie Farneze, imprimée en noire, *in fol. parch.*

493. Les Statues & Figures antiques,
gravées par Perier, premieres Epreuves. Elles sont colées dans un Volume grand *in fol. v.*

494. Les Bas-reliefs antiques de Perier,
Volume oblong. *v.*

495. L'Histoire de Psiché en trente deux
pieces d'après Raphael d'Urbin, par
Marc Antoine. *in 4°. oblong. v.*

496. Trois Recueils d'Estampes, dont

L. Septime Severe.   C iv

497. Cent dix Estampes d'Albert Durer, André Manteigne & autres, collées dans un Volume en parch.

498. Trois Livres d'Estampes de différents Maitres.

499. Quatre Volumes d'Estampes, de Tempeste & autres.

500. Un Recueil de trois cents quatorze Estampes, gravées par Chauveau, &c.

501. Autre Recueil de quatre cens quatre-vingt-treize Estampes de différens Maîtres, dont la plus grande partie est Historique.

502. Deux cents quatre-vingt cinq Estampes de Parocel, la Hyre & autres Maîtres. Plusieurs sont intéressantes.

503. Un Volume *in fol. parch.* Contenant deux cents trente six Estampes.

504. Un Recueil de cent Estampes, représentant des Modes Allemandes, Nuremberg. 1703. La Pompe d'Albert Pii, Archiduc d'Autriche. Les Plans, Elévations & Profil du Château de Richelieu, par Jean Marot, & treize Feuilles de Fortifications pour en lever les plans.

505. Les Jeux & Plaisirs de l'Enfance, composés par Jaques Stella, gravés pa Claudine Bouzonnet Stella, *in 12. obl. broché.*

Un petit Livre de Mode de Bafle, & la Gallerie d'Uliffe dite de Fontainebleau, d'après François de Boulogne, par Théodore Van Tulden, en Feuilles.

506. Les Hommes Illuftres de la France du XVIII Siecle avec leurs portraits très beaux d'Epreuves, par Ch. Perrault, *Paris. Ant. Dezalier*, 1697. *in fol. v.*

507. Les Eftampes du Roman des Amours Paftorales de Daphnis & de Chloé en vingt neuf pieces y compris celle nommée les petits pieds, rare : elles font parfaites d'Epreuves. Volume *in* 4°. relié en maroquin rouge, avec les armes de fon Alteffe Royal Monfeigneur le Duc d'Orléans, Régent.

Le Roman des Amours Paftorales de Daphnis & Chloé *in* 12. *v.*

508. La Vie de Saint Bruno, gravée par Chauveau, d'après les Tableaux d'Euftache le Sueur, qui font dans le Cloître des Chartreux, relié en veau.

509. Recueil d'Oifeaux, Reptiles, Infectes, Papillons, Animaux terreftres, par différens Maîtres, au nombre de cent foixante fix Eftampes, petit *in fol. v.*

C v

510. Les Indes Occidentales & autres Lieux : représentés en très belles Figures, qui montrent au naturel, les Peuples, Mœurs, Religions, Fêtes, Sacrifices, Mosquées, Idoles, Richeffes, Cérémonies, Feftins &c. en quarante huit pieces, gravées par Romain de Hooge.

511. Cinquante sept Eftampes, qui forment la fuite des Empereurs & Impératrices de la Maifon d'Autriche, d'après François Terfius Bergomat.

512. Cinq Recueils d'Eftampes, repréfentant des Perfonnes Illuftres, des Vafes, Trophées, Architectures en perfpective, Illuminations &c.

513. Trente Feuilles d'Oifeaux & Plantes de la Chine, prifes fur les Paravents du Roi, chez Huquier.

514. Une Topographie des Archevêchés de Mayence, Trêve & Cologne, par Merian, en cent quatre-vingt dix-fept Pieces.

515. Quatre-vingt onze grande Eftampes, d'après Raphael Rubens, Pouffin & autres Maîtres, collées dans un grand Volume, *in fol.* 4°. *Maximo.*

516. Sept petits Recueils de diverfes Eftampes.

517. Plufieurs Recueils d'Eftampes diverfes.

COQUILLES.

518. **D**ES *Cornes d'Ammon*, *Anta-les*, *Limaçons*, & autres Coquil-les.

519. Une Boîte de différentes *Coquilles* de Mer & de Riviere.

520. Des *Oreilles*, *Nérites*, *Sabots*, *Oursins*, petits *Argus*, & autres Coquilles.

521. Des *Oursins*, *Porcelaines*, & *Se-mences* de Coquilles.

522. Un *Drap d'or* de la Chine, deux *Radix*, cinq *Boutons* de Camisolle, des *Nérites*, *Buccins* & autres Co-quilles, en tout vingt trois.

523. Dix *Pinnes marines*, ou Jambon-neaux, dont plusieurs Papiracées, il s'en trouve une avec le Byssus, qui est une espece de soie, elle est gravée dans la Conchyliologie de M. Dar-genville, Planche vingt deux, Let-tre B.

524. Dix Oursins, dont le Brissus & le Spatagus, peu commun.

525. Vingt-deux *Opercules*, dont plu-

fieurs peu communs.

526. Des Buccins & autres Coquilles, qui logent Bernard l'Hermite, ou le Soldat qui eft une efpece de Crabe ; cinq Etoiles de Mer, fept Opercules, une Pholade, & une Plante maritime finguliere, appellée Coraline.

527. Des Coquilles nommées *Palourdes*, qui viennent du Fleuve de Miffiffipi & des Lacs du Canada, des Moulles, &c.

528. Quatorze *Lépas*, dont le Bouclier, le Cabochon, &c.

529. Un *Arrofoir*, de trois pouces trois lignes de long.

530. Neuf *Oreilles* de Mer, de la Chine, & autres.

531. Cinq Nautiles papiracés, dont un de la Chine. Un Nautile chambré fans être dépouillé, & un autre de même efpece, mais dépouillé.

532. Une *Bouche d'or*, une *Peau* de *Serpent*, un *Dauphin*, &c. en tout neuf Coquilles.

533. Deux Limas, *Bouche d'or*, & huit autres dépouillés.

534. Douze *Limaçons* rubanés, deux *Bouche d'or*, un petit *Eperon*, &c. en tout dix-neuf Coquilles.

535. Deux *Lampes antiques*, un *Ca-*

dran , un *Peroquet* , Deux *Eperons* ,
& quatre gros Limaçons.

536. Douze Coquilles, dont une *Lampe antique* , deux jolies *Nérites* ruba-
nées , deux à quenottes faignantes ,
&c.

537. Vingt-fix Coquilles , qui font des
Limaçons de diverfes efpeces , dont
plufieurs Nérittes.

538. Un *Fufeau blanc* de quatre pouces , 6 lignes.

539. Le Fufeau ou la *Quenouille* , de
neuf pouces trois lignes de long.

540. Deux petites *Quenouilles* , une
Cordeliere , deux *Mitres* , dont une
dépouillée , & une *Perdrix.*

541. Une *Mitre* , une *Tiare* , une petite
Quenouille , la *Tour* de *Babel* , deux
Ivoires , & deux autres Coquilles ,
dont la *Tourterelle.*

542. Une *Turbinite* , une *Mitre* , &
plufieurs Buccins fingulier & peu
communs , en tout dix Coquilles.

543. Deux *Grimaces* , un *Dragon* , la
Tulipe , & autres *Buccins* , en tout
donze Coquilles.

544. Quatorze Coquilles, Aîlées & Buccins, dont deux Tulipes , l'une eft
dépouillée.

545. Six Coquilles, Aîlées & Buccins ,

dont plusieurs peu communs.

546. Trente un Buccins & Ailées.

547. Le *Télescope*. Cette Coquille est du genre des Vis ; elle a trois pouces & demi.

548. Des Vis & Chenilles, au nombre de dix-neuf.

549. Dix-sept belles *Olives*, dont une brune & une alongée, peu communes.

550. Vingts-trois *Olives*, dont une de Panama, & un *Drap d'or*.

551. Une Pelotte ou *Tinne* de *beurre*, trois *Damiers*, dont un jaune de l'espece rare, deux *Cierges* & une *Couronne Impériale*.

552. Une *Olive* de *Panama*, l'*Ecorché*, un *Drap d'or* &, un *d'argent*, deux *Damiers*, dont un à bandes jaunes, une *Flamboyante*, & la fausse *Aile de Papillon*, en tout huit Coquilles.

553. L'*Amirale*, une petite *Aile* de *Papillon*, & un *Drap d'or*.

554. Une *Tinne* de *beurre*, le *Damier* un *Tigre*, & trois *Brocards* de *Soie*.

555. Dix Coquilles, dont un Drap d'argent, une Minime, & autres Cornets.

556. Des Coquilles, dont trois *Araignées*, & un *Damier*.

557. Quatre *Chicorées* & un *Scorpion*.

558. Deux *Chicorées brûlées*, une *Patte* de *Crapaud*, & deux *Têtes* de *Bécasse*.

559. Deux grosses Pourpres ou *Chicorées*.

560. Une Figue à Tête plate, nommée l'*Unique*, de cinq pouces de haut.

561. La même Coquille de trois pouces & demi, une *Chicorée blanche* & quatre *Murex*, dont deux à Tubercules.

562. Une *Conque persique*, deux *Oreilles* de *Midas*, une *Tulipe*, &c. en tout neuf Coquilles.

563. Des Casques & Tonnes, dont une *Conque Persique*, en tout quatorze Coquilles.

564. Une belle *Couronne* d'*Ethiopie*, bien conservée ; deux *Figues*, & deux petites *Gondoles*, dont une rayée.

565. Deux *Tonnes* en pendans, de quatre pouces & demi, très belles, bien conservées, & rares.

566. Quatre autres *Tonnes* peu communes, de deux especes différentes, & deux Porcelaines nommées *Œufs*.

567. La *Géographique* & six autres Porlaines.

568. Sept *Porcelaines* d'un bel émail, dont le *Lievre*.

569. Dix-neuf Porcelaines différentes, & très jolies.

570. Un *Marteau* ; le corps a cinq pouces de long, les bras sept pouces. Cette Coquille n'est pas facile à trouver d'un pareil volume. Il lui est arrivé un accident qui est bien réparé.

571. Un très grande & belle *Crête de Coq*, vive en couleur, bien conservée.

572. L'Oiseau ou l'*Hirondelle*, deux *Feuilles*, & une petite *Crête de Coq*.

573. Cinq *Huîtres*, dont une épineuse des Indes, fond blanc tacheté & rayoné de couleur gris de lin.

574. Deux *Soles*, l'une a sa couleur ordinaire, l'autre est blanche ; une petite *Pintade* rayonnée de gris & brun, & un joli *Benitier*.

575. Une *Ecriture Chinoise*, la *Tuilée*, une *Fraise*, un *Concha Veneris* épineux, une *Telline* rayonée, couleur de rose, & un *Cœur* de *Vénus*, en Bateau

576. La *Selle Polonoise*, d'une belle couleur & bien conservée, elle a quatre pouces sur trois pouces trois lignes de diametre.

577. Une autre pelure d'Oignon qui est incontestablement la *Selle Polonoise*, quoiqu'elle ne soit pas recourbée comme l'est ordinairement cette Co-

quille. Elle a deux pouces de diametre.

578. Un *Concha Veneris* épineux, la Camme en *bec* de *flute* dépouillée, un *Point* d'*Hongrie*, une *Rape*, un *Cœur*, un petit *Choux* & l'*Arche* de *Noé*.

579. Un *Cœur* en *Bateau*, un *Choux*, une *Fraise*, &c. en tout onze Coquilles.

580. Neuf Coquilles, savoir, la *Couronne Impériale*, trois *Draps* d'*or*, trois *Damiers*, dont un gros, une fausse *Aile* de *Papillon*, & l'*Ecriture Arabesque*.

581. Cinq *Araignées* & trois Pourpres.

582. Cinq *Musiques* différentes, dont une de l'espece des vertes, un *Bois veiné*, sept *Harpes*, & trois *Foudres*.

583. Deux *Musiques*, deux jolies *Harpes*, un *Dauphin*, quatre *Ailés* & trois Buccins.

584. Une *Bouche* d'*or*, une d'*argent*, cinq *Limaçons* rubanés, une *Turbinnite*, un *Toît Chinois*, &c. en tout vingt-trois Coquilles.

585. Dix-huit Coquilles dont deux *Têtes* de *Becasse*, une Mitre.

586. Deux *Pelures* d'*Oignon*, l'une a sa Charniere de même que la Selle Polonoise, un *Cœur*, une *Moule* de

Majellan , quatre *Vitres Chinoises* , &c.

587. Quarante quatre *Oursins* , dont deux à Bâtons.

588. Deux Nautiles dépouillés & travaillés , ils sont montés sur des pieds de bois dorés.

589. Plusieurs Burgos & Nautiles. dépouillés , & avec leurs Robes , qui seront divisés en plusieurs articles.

PLANTES MARINES

LITHOPHYTES.

Poissons de Mer , &c.

590. UNE Madrepore à œillet , monté sur un pied de bois noirci , autre à épi , un Groupe de Gland de Mer , & trois Champignons.

591. Trois jolies Madrepores d'especes différentes , & une Plante Marine de forme singuliere. Ces quatre Morceaux sont posés sur des pieds de bois noirci.

592. Une belle Madrepore à épis de bled , & une Plante Marine , montées sur des pieds de bois.

593. Deux Cerveaux Marins, une Madrepore à larges feuilles, & une autre en forme de Rocher.

594. Six Madrepores, dont une à large feuille.

595. Une Panache de Mer, & Madrepore.

596. Deux jolies Plantes Marines, l'une adhérente à un Rocher, garni de Tuyaux vermiculaires, l'autre à un Champignon.

597. Des Madrepores, Lythophytes & Plantes Marines, qui feront divisées en plusieurs Articles.

598. Des Pétrifications, & Crystallisations, qui feront aussi divisées.

599. Un très joli Arbre de Corail rouge, adhérent à un Morceau de Rocher.

600. Un autre adhérent aussi à un Rocher.

601. Un autre *idem*.

602. Un autre Arbre de Corail, sur lequel on a gravé St. François, & l'Enfant Jesus, il est posé sur une Corne d'Ammon pétrifiée.

603. Une Plante de Corail adhérente à un Cailloux, sur lequel se trouve aussi un Vermiculaire.

604. Deux Plantes de Corail rouge dépouillé.

605. Plusieurs branches & morceaux de Corail rouge, noir & blanc articulé.

606. Une Cuiller faite d'un Burgos dépouillé, garni en Argent. Son manche est de Corail rouge dépouillé.

607. Une Peau de Serpent à sonnette, de trois pieds trois pouces de long : plusieurs Poissons peu communs : des Feuilles d'un Arbre qui servoit de Papier aux Anciens : des Chevaux Marins, des especes de Bezoards, &c.

608. Des Poissons, Oursins, Oiseaux, &c.

609. des Etoiles de Mer, de différentes especes, Plantes & Racines.

610. Des Araignées de Mer, Têtes & Dents de Serpens Limaçons, Moules & autres menus Coquillages.

611. Un Groupe de Cristal à Eguilles ; des Crystallisations, Pétrifications, &c.

612. Deux Morceaux de bois pétrifié, & six de Crystallisations & Cailloux.

613. Un pied de l'Animal qui porte le musque, du Lin incombustible, une Langue de Serpent, une Queue de Rhinocéros, & une Tête de Bécasse de Mer.

614. Deux Cornes de Rhinocéros.
615. Une Corne de Nerval , elle porte
    sept pieds de long.

MINES D'OR D'ARGENT
ET AUTRES.

616. UN joli Morceau de Mine d'Or
du Pérou.
617. Un autre Morceau de Mine d'Or
    aussi du Pérou , plusieurs petites La-
    mes , & deux Pierres de Mines qu'on
    dit être de la Trappe , & de Géni-
    court près Pontoise.
618. Une Mine d'Argent en végéta-
    tion du Pérou , elle est très riche &
    d'un agréable aspect.
619. Un Morceau d'Argent Vierge ,
    trois de Mine en végétation , & un
    contenant de l'Argent & du Cuivre.
620. Huit Morceaux de différentes
    Mines.
621. Quarante cinq Mines d'Argent ,
    Cuivre, Plomb, Marcassite , &c.
622. Trente-huit Morceaux de Mines ,
    de même que ceux de l'article précé-
    dent
623. Quarante huit autres Morceaux ,
    idem

524. Soixante & six Morceaux de différentes Mines.

625. Seize Morceaux de Mines de Cuivre, sur Cryſtaux & autres.

PIERRES FINES, CAILLOUX,

MARBRES, OUVRAGES DE LACQS. &c.

626. UN Tiroir, contenant des Rubis Balet, Eméraude, Ametiſte, Topaſe, Cryſtaux, Lapis, &c. qui feront diviſés en pluſieurs Lots lors de la Vente.

627. Dix-ſept Plaques polies, de Jaſpe, d'Ambre, d'Agate Orientale, Jaſpe fleuri, Serpentine &c.

628. Diverſes Plaques de Cailloux d'Egypte, d'Allemagne, de Rennes, & autres, dont pluſieurs polies.

629. Dix-ſept Plaques de Cailloux de différentes eſpeces, dont pluſieurs très jolies, & quarante Jettons de Nacre, Avanturine, Cailloux d'Egypte, & autres, renfermés dans un Etui.

630. Vingt-neuf Plaques de différens Cailloux, Pierres & Marbres, dont une belle d'Albâtre Orientale.

631. Plusieurs blocs de différens Cailloux d'Egypte & autres.

632. Une suite d'Echantillons de Marbre d'Italie, de Flandre & de France.

633. Un très beau Cabinet à deux batans, garni de huit Tiroirs d'Ancien Lacq du Japon, noir, & Or en relief : il est posé sur un pied à quatre Consoles de bois sculpté doré.

635. Un Cabinet de Lacq de Coromandel, à deux portes batanttes, renfermant quatre Tiroirs.

636. Deux petits Cabinets de Lacq du Japon, composé chacun de sept Tiroirs, & de deux portes battantes.

637. Une Boîte quarrée, avec son couvercle de Lacq du Japon, fond Aventurine, enrichie de Fleurs & Plantes en Or.

638. Deux petites Boîtes rondes, avec leurs couvercles de Lacq nouveau Japon, fond noir & Or en relief.

639. Deux petits Plateaux de même Lacq, & deux Boîtes couvertes, de forme quarrée.

640. Un Plat à barbe de Lacq, fond noir avec Paysages, Fleurs & Oiseaux en Or.

641. Un petit Cabinet renfermant cinq Tiroirs, de Lacq de Coromandel.

642. Une Boîte couverte de Lacq rouge, de forme quarrée : cinq autres morceaux, & un petit coffre.

643. Un Plateau quarré de Lacq du Japon, une Boîte, & deux petits Cabinets de Coromandel.

644. Une Ecritoire compofée d'un Plateau de Lacq rouge du Japon, avec un Cornet, un Poudrier, & un petit Coffre de Criftal de Roche, montés en Cuivre doré d'Or moulu.

645. Une grande Gondolle de Criftal de Roche, garnie en Cuivre doré d'or moulu. Elle eft endommagée.

646. Une autre Gondolle montée en Cuivre doré, & en Argent.

647. Une grande Taſſe de Criftal de Roche, monté en Argent.

648. Une autre Taſſe, & une petite Urne couverte.

649. Un petit Vaſe de Criftal de Roche, un Calichon & une Gondolle.

650. Deux Bouteilles & un Vaſe de Criftal de Bohême.

651. Un Nautile monté en Vermeille, repréſentant une Oie & ſes œufs fur un pied'Eftal, il eft enrichi de Pierreries.

ANATOMIE.

652. Plusieurs Membres d'une Momie venue en droiture d'Egypte, à Monsieur le Duc de Sully en 1714.

653. L'Ybis, Oiseau d'Egypte, très bien conservé sous des bandelettes.

LIVRES.

HISTOIRE NATURELLE.

654. ULYSSIS Aldrovandi Philosophi ac Medici Bononiensis, opera 1599. & *suiv. in fol. v.* treize Volumes. *fig.*

655. L'Histoire de la nature des Oiseaux avec leurs descriptions, & naïfs portraits retirés du naturel: ecrite en sept Livres, par Pierre Belon, du Mans. *Paris 1555. in fol. v. fig.* enluminés.

656. Conradi Gesneri Medici, Tigurini, Historia Animalium *Francofurti,* 1603. trois *vol. v. fig.*

657. Hortus Floridus in quo rariorum, & minus Vulgarium Florum icones ad vivam veramque formam, exhibentur, par Crispin de Pas, 1614.

D

in 4°. *oblong. fig.*

2 18 658. Paralipomena accuratissima, Historiæ omnium animalium quæ in
Voluminibus Aldrovandi desideran-
tur. Bartholomeus Ambrosinus, &c.
Bononiæ, Typis Nicolæi Tebaldin.
1642. *in vol. v. fig.*

10 4. 659. Joan. Bapt. Ferrarii Hesperides, sive
de malorum aureorum cultura & usu
Libri quatuor. *Roma*, 1646. *in fol.*
m. r. fig.

12 2 660. Historiæ naturalis de avibus Libri
VI. cum æneis figuris Joannes Jons-
tonus, medicinæ Doctor concinna-
vit. Amstelodami, 1657. *in fol. v. fig.*

2 10 661. Itinera Alpina tria : in quibus in-
colæ, animalia, Plantæ, montium al-
titudines Barometricæ &c. exponun-
tur authore Joanne Jacobo Scheuchzero Med. Doc. Imprimatur Is
Newton, *Londini*, 1708. *in* 4. *v. fig.*

8 1. 662. Thesaurus Imaginum Piscium,
Testaceorum, quales sunt Cancri,
Echini, Echinometra stellæ Mari-
næ, &c. Georgius Everhardus Rum-
phius. M. D. *Lugdini Batavorum*,
1711. *in fol. v. fig.*

9 663. Ludovici Ferdinandi Marsili,
Dissertatio de Generatione Fungo-
rum ad Illustrissimum & Reveren-

diſſimum Præſulem Joannem Ma-
riam Lanciſium Clementis XI. *Romæ.*
1714. *in fol. fig.*

664. Hiſtoire des Plantes qui naiſſent 21 1
aux environs d'Aix &c. par P. Ga-
ridel. *Aix*, 1715. *in fol. m. r. doré*
ſur tranche. fig.

665. Vers ſolitaires & autres, de diver- 2 10
ſes eſpeces, dont il eſt traité dans le
Livre de la Génération des Vers.
Paris, d'Houry, 1718. *in 4. v. fig.*

666. Hiſtoriæ Naturalis Haſſiæ inferio- 5 19
ris Pars prima. D. Peter Wolfart.
1719. *in fol parch. fig.*

667. Herbarium Diluvianum collec- 8
tum à Johanne Jacobo Scheuchzero,
Med. D. Mathes. Prof. Tigurino,
Acad. Leopold. Carol. & ſoc. Reg.
Anglicæ ac Pruſſicæ Membro. Editio
Noviſſima duplo auctior. *Lugduni*
Batavorum 1723. *in fol. v. fig.*

668. Hiſtoire des Plantes de l'Europe, 4 15
& des plus uſitées, qui viennent d'A-
ſie, d'Afrique & d'Amérique, où
l'on voit leurs figures, leurs noms,
en quel tems elles fleuriſſent, & le
lieu où elles croiſſent. *Lyon* 1726. 2.
vol. in 12. *v. fig.*

669. Diſſertations ſur la Génération & 27
les transformations des Inſectes de

Surinam, par Marie Sibille Merian.
La Haye 1726. *in fôl. v. fig.*

5 16 670. Le Spectacle de la Nature ou entretiens fur les particularités de l'Hiftoire Naturelle qui ont paru les plus
propres à rendre les jeunes Gens cu-
rieux & à leur former l'efprit. *Chez la
Veuve Etienne.* 1732. 4. *vol. in* 12.
fig.

3 6 671. Catalogue Raifonné de Coquilles
& autres Curiofités Naturelles, par
Edme François Gerfaint, *Paris,* 1736.
in 12. *v.*

7 7 672. Hiftoire Naturelle des Abeilles,
avec Figures, *Paris, Guerin,* 1744.
2 *vol. in* 12. *v.*

4 673. Theologie des Infectes ou Démonf-
tration des Perfections de Dieu dans
tout ce qui concerne les Infectes,
trad. de l'Allemand de Leffer, avec
des Remarques, par M. Lyonnet,
Paris, chez Chaubert, 1745. 2. *vol.
in* 8°. *broch. fig.*

4 3 674. Dictionnaire Botanique & Phar-
maceutique, contenant les principales propriétés des Minéraux, des
Végétaux, & des Animaux d'ufage,
avec les préparations de Pharmacie,
Paris, Didot, 1751. *in* 8. *v.*

7 · 10 675. Mufeum Teffinianum, opera Il

lustrissimi Comitis, Dom. Car. Gust.
Tessin &c. *Holmiæ apud Laurentium-*
Salvium. 1753. in fol. v marbré. fig.

676. L'Oryctologie, ou Traité des Ter-
res, des Pierres &c. par M. Dezallier d'Argenville. *Paris, Debure,*
1755. in 4°. gr. pap. broc. fig.

677 Essai sur l'Histoire Naturelle des
Coralines & d'autres Productions
Marines du même genre, qu'on trouve communément sur les Côtes de la
grande Bretagne & d'Irlande ; au-
quel on a joint une description d'un
grand *Polype de Mer*, pris auprès
du Pole Arctique, par des Pêcheurs
de Baleine, pendant l'Eté de 1753, par
Jean Ellis, Membre de la Société
Royale, traduit de l'Anglois. *La*
Haye, 1756. in 4°. bro. fig.

678. La seconde Partie de la Conchyliologie, avec figures, par M. Dezallier d'Argenville, nouvelle Edition.
Paris, Debure, 1757. in 4°. gr. pap.
broch. fig.

679. Mémoire instructif sur la maniere
de rassembler, de préparer, de con-
server, & d'envoyer les diverses
Curiosités d'Histoire Naturelle ; au-
quel on a joint un Mémoire intitulé :

D iij

Avis pour le Transport par Mer, des Arbres, des Plantes vivaces, des Semences, & de diverses autres Curiosités d'Histoire Naturelle. *Lyon, Bruyset.* 1758. *in 8. broch. fig.*

Histoire.

2 10 680. Discours de la Religion des Anciens Romains, écrit par Noble St. Guillaume du Choul, enrichi de Médailles & Figures retirées des Marbres antiques, qui se trouvent à Rome, & par notre Gaule. *Lyon,* 1581. *in 4. v. fig.*

8 1. 681. Le Cabinet de la Bibliotheque de Sainte Genevieve, par le P. Cl. du Moulinet, contenant des Antiquités, très bien gravées, & toutes bonnes Epreuves. *Paris,* 1692. *in fol. gr. pap. v. fig.*

75 682. Les Antiquités du P. Dom Bernard de Montfaucon. *Paris.* Delaulne, 1722. Seconde Edition 10 *vol. in fol. broch.* Le Supplément manque. *fig.*

14 683. Les Pierres Antiques gravées par Bernard Picart, très belles Epreuves, avec les Discours. 1724. *Amsterdam. in fol. v. fig.*

24 2 684. Recueil d'Antiquités Egyptiennes,

Etrusques, Grecques & Romaines, par M. le Comte de Caylus. *Paris, Defaint & Saillant*, 1752-1756. 2. vol. *in* 4. *v. fig.*

685. Revelatio Ordinis Trinitatis Redemptionis. Sous Innocent III. Anno 1198, avec figures. *in* 12. *v.*
2   10

686. Epitome du Trésor des Antiquités, c'est-à-dire, Portraits des vraies Médailles des Empereurs tant d'Orient que d'Occident, de l'étude de Jacques de Strade Mantuan Antiquaire, traduit par Jean Louveau d'Orléans. *Lyon*, 1553. *in* 4. *fig.*
1   4.

687. Prima Pars promptuarii Iconum insigniorum a feculo Hominum, fubjectis eorum vitis, per compendium ex probatiffimis Autoribus defumptis, *Lugduni*, 1553. *in* 4. *v. fig.*
1   12

688. Vivæ omnium fere Imperatorum imagines, à C. Julio Cæf. ufque ad Carolum V. & Ferdinandum ejus fratrem, ex antiquis veterum numifmatis folertiffime non ut olim ab aliis, fed vere ac fideliter adumbratæ &c. Dedic. per Hubertum Goltz, Wirtzburgenfem pictorem. *Antverpiæ*, 1557. *Lib.* I. *in fol. v. fig.*
2   8

689. Laurentii Pignorii Patavini menfa Ifiaca quâ facrorum, apud Egyp-
2   10

tios ratio & fimulacra fubjectis tabulis æneis fimul exhibentur & expli-
cantur ; acceffit ejufdem Authoris de
magna Deûm matre difcurfus nec
non Jacobi Philippi Tomani manus
ænea, & de vita rebufque Pignorii
Differtatio. *Amftelodami, fumptibus
Andræ Frifii. 1669. in 4°. v. fig.*

690. Faftos Magiftratuum & Trium-
phorum Romanorum, ab urbe con-
dita ad Augufti obitum, ex antiquis
tam numifmatum quam marmo-
rum monumentis reftitutos. S. P.
Q. R. Hubertus Goltzius Herbi-
polita Venlonianus dedicavit. *Bru-
gis Flandrorum*, 1566. *in fol. par. fig.*

691. L'Entrée Triomphante de Charles IX. Roi de France, en la Ville de
Paris avec le Couronnement d'Eli-
zabet d'Autriche fon Epoufe. *Paris,*
1572. *in 4. parch. Les Eftampes font
enluminées.*

692. Principes Hollandiæ & Zelan-
diæ, Domini Frifiæ, auctore Mi-
chaële Vofmero. *Antuerpiæ* 1578.
petit in fol. parch. fig.

693. La Pompe Funebre de Charles
Emanuel II. Duc de Savoye. *in fol.
broch.* Et l'Entrée de Monfeigneur
François, Fils de France, & Frere

unique du Roi, Duc de Brabrant, &c. en la Ville d'Anvers. 1582. *in fol. parch. fig.*

694. Theatrum Crudelitatum Hæreticorum noftri temporis. *Autuerpiæ.* 1587. *in* 4°. *parch. fig.*

695. Illuftrium Imagines ex antiquis Marmoribus, numifmatibus & Gemmis expreffæ quæ exftant Romæ major pars apud Fulvium Urfinum, editio altera aliquot imaginibus illuftrior. *Antuerpiæ.* 1559. *fig.*

696. Antiquæ Urbis fplendor : hoc eft, precipua ejufdem Templa, Amphitheatra, Theatra, Circi, Naumachiæ, arcus Triumphales, Maufolea &c. opera & induftriâ Jacobi Lauri Romani. *Romæ.* 1612. *in* 4°. *obl. v. fig.*

697. Defcription de tous les Pays-Bas ; par Louis Guicciardin G. H. Florentin, avec toutes les Cartes Géographiques defdits Pays par Pierre du Keere, augmenté par Pierre Dumont 1613. *Aranemi, apud Joannem Janffonii. in* 4°. *obl. v. fig.*

698. De Vitis imperatorum & Cæfarum Romanorum, tam Occidentalium quam orientalium &c. cura & impenfis Octavii deStrada à Rofberg,

Francofurti, 1615. *in fol. par. fig.*

699. La Pompe Funebre de l'Empereur Charles V. à Bruxelles. Celle de Alberti Pii, Archiduc d'Autriche, & un Volume de Carouzel Allemand, 1616. Ces trois Volumes sont reliés en veau. *fig.*

700. Sylloge Numismatum elegantiorum quæ diversi Impp. Reges, Principes, Comites, Respublicæ diversas ob causas ab anno 1550, ad annum usquæ 1600, cudi fecerunt & Joannis Jacobi Lucku. *Reppianis*, 1620. *in fol. parch. fig.*

701. Le Manége Royal, par Antoine Pluvinel, avec Figures gravées par Crispian de Pas : toutes bonnes Epreuves, *Paris*, 1623. *in fol. oblong. v. fig.*

702. Le Théâtre Géographique du Royaume de France, contenant les Cartes & Descriptions particulieres des Provinces d'icelui : Œuvre nouvellement mis en lumiere, avec une table, où sont les noms de toutes les Cartes de chacune desdites Provinces, *Paris*, 1632. *in fol. parch. fig.*

703. Discours de la Cérémonie observée en la derniere Création des Chevaliers de l'Ordre du S. Esprit. Année 1633. colé à Chassis. *in fol. v. fig.*

704. Commentaires Historiques con-

renant en abrégé les Vies , Eloges &
Cenſures des Empereurs , Impératrices, Cæſars , & Tyrans de l'Empire Romain. par J. Triſtan. *Paris* ,
1635. *in fol. v. fig.*

Ritratti & Elogii di Capitani Illuſtri.
dedicati all'Altezza ſereniſſima di
Franceſco d'Eſte Duca di Modena.
Roma. 1635. *in* 4. *v. fig.*

705. Medicea Hoſpes, ſive Deſcriptio pu-
blicæ gratulationis quâ Sereniſſimam
Auguſtiſſimamque Reginam , Ma-
riam de Medicis , excepit Senatus po-
puluſque Amſtelodamenſis , auctore Caſpare Barlæo. *Amſtelod.* 1638.
in fol. v. fig.

706. Médailles Illuſtres des Anciens
Empereurs & Impératrices de Rome ,
par Jean Bap. le Meneſtrier. *Dijon.*
1642. *in* 8. *v. fig.*

707. Les Plans & Profils de toutes les
Principales Villes & Lieux conſidéra-
bles de France , enſemble les Cartes
Générales de chacune Province &
les Particulieres de chaque Gouvernement d'icelles , faites par le S. Taſ-
ſin. Géogra. 1644. *in* 4. *obl. par. fig.*

708. Icones & Segmenta Illuſtrium e
marmore Tabularum quæ Romæ
adhuc extant à Franciſco Perier,

1645. *in fol. oblong. parchemin fig.*

709. *Lux Clauſtri*, repréſentée par Figures Emblématiques, deſſignées & gravées par J. Callot. *Paris.* 1646. *in* 4°. *parch. fig.*

710. Les Mémorables Journées des François où ſont décrites leurs grandes Batailles, & leurs ſignalées Victoires, par le P. Ant. Girard de la Compagnie de Jeſus, enrichies de pluſieurs figures en Taille douce. *Paris*, 1647. *in* 4°. *v.*

711. La Galerie des Femmes-Fortes, par le P. Le Moine de la Compagnie de Jeſus. *Paris.* 1647. *in* 4°. *v. fig.*

712. Symbolia Dianæ Epheſiæ Statua a claudio Menetrio ceimeliothecæ Barberinæ Prefecto expoſita *Romæ*, *Typis Maſcardi.* 1657. *in* 4°. *v. fig.*

713. L'Entrée triomphante de Louis XIV, imprimée l'an 1662, enrichies d'Eſtampes, par Marot. *in fol. v. fig.*

714. Entrée triomphante de Louis XIV & de Marie Thereſe d'Autriche, dans la Ville de Paris, enrichie d'Eſtampes gravées par Chauveau, Marot & autres. *Paris*, 1662, *in fol. mar. r. fig.*

715. De l'Art des Deviſes, par le P. Lemoine, de la Compagnie de Jeſus

avec divers Recueils de Devises du même Auteur. *Paris, chez Cramoisy.* 1666. *in* 4°. *v. fig.*

716. Histoire de l'Empire Ottoman, traduit de l'Anglois par Briot, avec Figures de Sébastien le Clerc, bonnes Epreuves. *Paris.* 1670. *grand in* 4°. *v.*

717. Historia Summorum Pontificum, per eorum numismata. Cl. du Molinet. *Lutetiæ.* 1679. *in fol. v. fig.*

718. Relation de la Fête de Versailles 1668, avec les Estampes gravées par le Pautre. *Imp. Roy.* 1679. *in fol. v. fig.*

719. Seleucidarum Imperium, sive Historia Regum Syriæ ad fidem numismatum accomodata, per J. Foy-Vaillant, D. Medec. *Lutetiæ* · 1682. *in* 4°. *v. fig.*

720. Gis. Cuperi Harpocrates sive explicatio imangunculæ argenteæ perantiquæ, quæ in figuram Harpocratis formata repræsentat solem. Ejusdem Monumenta antiqua inedita Stephani le Moine. *Trajecti ad Rhnum, Francisco Halma.* 1687. petit *in* 4°. *v. fig.*

721. L'Abrégée des Vies des Hommes Illustres, & grands Capitaines, avec leurs figures & représentations, tirées

de la Galerie du Palais Royal, dessinés par les Sieurs Heince & Bignon,
par de la Colombiere , 1690. *in
fol. v. fig.*

722. Romanum Museum sive Thesaurus eruditæ antiquitatis in quo Gem-
mæ , Idola &c. referuntur. *Roma ,
1690. petit in fol. v.*

723. Traité Historique des Monnoies
de France, avec leurs figures , par le
Blanc. *Amsterdam , 1692. in 4°. v.
fig.*

724. Relation de ce qui s'est passé au
Siege de Namur , avec les Plans des
Attaques , de la disposition des
Lignes , & des Mouvemens des Ar-
mées. *Paris. 1691. in fol. mar. r.
avec les armes du Roi. fig.*

725. Histoire Métallique de Guillaume III Roi de la Grande Bretagne ,
par Nicolas Cevalier. *Amsterdam ,
1691. in fol. v. fig.*

726. Selectiora Numismata in ære
maximi moduli e museo Illustrissimi
D. D. Francisci de Camps Abbatis
S. Marcelli , & B. Maria de Siniaco.
Concisis interpretationibus per D.
Vaillant Illustrata, *Parisiis. Apud An-
tonium Dezallier &c. 1694. in 4. fig.*

727. Histoire abrégée des Provinces-

Unies des Pays-Bas, où l'on voit
leurs progrès, leurs conquêtes, leur
Gouvernement & celui de leurs
Compagnies en Orient & en Occident, comme aussi les Hommes
Illustres dans les Armes, & les Sa-
vans dans les Lettres, enrichie d'un
grand nombre de Figures. *Amsterdam.* 1701. *in fol. v. fig.*

728. Les Figures du Temple & du Palais de Salomon, par Maillet, Prêtre
& Chanoine de l'Eglise de Troyes,
enrichis de Figures, par Sébastien le
Clerc. *Paris.* 1695. *in fol. v.*

729. Lucernæ Veterum sepulchrales,
Iconicæ ex cavernis Romæ subter-
raneis collectæ & à Petro Santi Barto-
li cum observationibus J. Petri
Bellori. *Coloniæ Marciæ,* 1702. *petit
in fol. v. fig.*

730. Sacra exequialia in funere Jacobi II. Magnæ Britanniæ Regis exhi-
bita ab Eminentiss. & Reverendiss.
Principe Carolo Sanctæ Romanæ Ec-
clæsiæ Cardinali Barberino in Tem-
plo sui tituli sancti Laurentii in Lu-
cina, Descripta à Carolo de Aquino
Societatis Jesu. *Romæ.* 1702. *in fol.
parch. fig.*

731. Médailles sur les Principaux Evé-

nemens du Regne de Louis XIV,
avec des explications Hiftoriques.
Paris. Imprimerie Royale 1702. *in*
4°. *v. fig.*

732. Les Statuts de l'Ordre du St. Efprit, établi par Henri III. du nom, Roi
de France & de Pologne, au mois
de Décembre 1588. *de l'Imprimerie
Royale,* 1703. *in* 4°. *mar. r. fig.*

733. Defcription de la Ville de Paris,
en vingt Planches, avec des Dif-
cours, par de la Caille, *Paris.* 1714.
in fol. broch. fig.

734. Reflexions fur les deux plus anciennes Médailles d'Or Romaines
qui fe trouvent dans le Cabinet de
S. A. R. Madame, *Paris.* 1720. *in*
4°. *v. fig.*

735. Le Sacre de Louis XV. en 1722:
toutes les Eftampes font belles d'E-
preuves. *vol. in fol. gr. pap. mar.
bleu, avec dentelles. fig.*

736. Hiftoire des Rois de France, de-
puis Pharamond premier Roi, juf-
qu'à Louis XV. Benard. 1722. *in* 4°.
veau. fig.

737. Les Batailles du Prince Eugene,
enrichies d'Eftampes par Huchten-
burg. *La Haye.* 1725. *in fol. v. fig.*

738. Des Monumens les plus recom-

mandables qui se voient en Europe, Asie & Affrique, divisés en cinq Parties avec des Explications. *Leipsick.* 1725. *in fol. oblong. broché. fig.*

739. Les Césars de l'Empereur Julien, traduits du Grec, par Feu le Baron de Spanheim, avec des Remarques & des Preuves enrichies de plus de trois cents Médailles & autres Anciens monumens, gravés par Bernard Picart, toutes belles Épreuves. *Amsterdam.* 1728. *in* 4°. *fig.*

740. Carlo Magno Festa téatrale in occasione della nascita del Delfino offerta alle sacre Reali Maestà Cristianissime del Re, e Regine di Francia, del Cardinale Otthoboni protettore degl. Affari della corona. *in Roma*, 1729, *avec figures. in fol. v. fig.*

741. Pompe Funebre du Prince Albert Archiduc d'Autriche, par Jacques Francquart, & gravées par Corn. Galle. *Bruxelles*, 1729. *in fol. v.*

742. Explication de divers Monumens singuliers, qui ont rapport à la Religion des plus anciens Peuples, avec l'Examen de la derniere Édition des Ouvrages de St. Jérôme, & un Traité, sur l'Astrologie judiciaire, par le R. P. Dom Jacques Martin, Béné-

dictin , *chez Lambert & Durand.*
1739. *2 vol. in 4°. v. fig.*

743. Defcrizione delle Fefte celebrata
della fedeliffima citta di Napoli , per
gloriofe ritorno , dalla imprefa di
Sicilia della facra Mæfta di Carlo di
Borbone Re di Napoli , Sicilia , Ge-
rufalemme &c. *in Napoli* , 1735. *in
fol. v. fig.*

744. Mufeum Etrufcum , exhibens
infignia Veterum Etrufcorum Monumenta , æreis tabulis, C C. nunc
primum edita & illuftrata obferva-
tionibus Antonii Francifci Gorii.
Florentiæ , 1737. *2 vol. in fol. v. fig.*

745. Defcription des Fêtes données
par la Ville de Paris, à l'occafion du
Mariage de Madame Louife Elifabeth , de France , & de Don Philippe , en l'année 1739 , *Paris* , 1740.
in fol. mar. r. fig.

746. La même Defcription , *auffi r. en
mar. r.*

747. Le Plan de la Ville de Paris, en
vingt-une Planches, premieresEpreu-
ves, gravées par les ordres de M. Tur-
got , 1740. *in fol. mar. r. doré fur
tranche.*

748. Le même Plan , d'une auffi belle
condition.

758. LES Commentaires de M. P. André Matthiolus Médecin Sénois sur les six Livres de Pedacius Dioscoride Anazarbeen de la matiere Médecinale, *Lyon*. 1605. *in fol. v. fig.* 4 25

759. Pomp. Gaurici, Neapolitani de sculpturâ Libri duo. *Antuerp.* 1609, *in* 4°. *v.* 4 6

760. Atlas de Gerardi. *Amst.* 1613. *grand in fol. v.* 8 7

761. Les Raisons des forces mouvantes, avec diverses Machines, tant utiles que plaisantes, auxquelles sont adjoints plusieurs Desseins de Grotes & Fontaines, par Salomon de Caus, Ingénieur & Architecte de son Altesse Palatine Electorale, *Francfort*, 1615. *in fol. parch.* 7 12

762. La Cavalerie Françoise & Italienne, ou l'Art de bien dresser les Chevaux. par Pierre de la Noue. 1620, *in fol. bro. fig.* 1 4

belles d'Epreuves, le Frontifpice de ce Livre, & une grande Bataille, fe mettent dans l'Œuvre d'Etienne de la Bella, comme étant de fa compofition. *in* 8°. *v.*

755. Hiftoire de l'Empire Mexicain, avec Figures, *in fol. bro.*

Un Recueil de petites Eftampes de Saints, *in* 12. *v.*

Le Cantique d'Habacuc, & la Pompe Funebre de Ulrica Eleonare Sueco-rum, Gothorum & Vandalorum Re-gina. *fig.*

756. Cent Portraits de la Vie des Pein-tres, de Debie, *petit in fol. broché en carton.*

757. Cent trente deux Portraits d'Hom-mes, & de Femmes Illuftres, par Moncornet & autres. *petit in fol. veau.*

758. Les Commentaires de M. P. André Matthiolus Médecin Sénois sur les six Livres de Pedacius Dioscoride Anazarbeen de la matiere Médecinale, *Lyon*. 1605. *in fol. v. fig.*

759. Pomp. Gaurici, Neapolitani de sculptura Libri duo. *Antuerp*. 1609, *in* 4°. *v.*

760. Atlas de Gerardi. *Amst*. 1613. *grand in fol. v.*

761. Les Raisons des forces mouvantes, avec diverses Machines, tant utiles que plaisantes, auxquelles sont adjoints plusieurs Desseins de Grotes & Fontaines, par Salomon de Caus, Ingénieur & Architecte de son Altesse Palatine Electorale, *Francfort*, 1615. *in fol. parch.*

762. La Cavalerie Françoise & Italienne, ou l'Art de bien dresser les Chevaux. par Pierre de la Noue. 1620, *in fol. bro. fig.*

763. Arataea five figna cœleftia in Quibus Aftronomicæ, fpeculationes veterum ad Archetypa Vetuftiffimi, Arateorum Cœfaris Germanici Codicis, 44 artificiofe ob oculos ponuntur : A. Jacobo de Geyn *Amft.* 1621. *petit in fol. par.*

764. Vie des Peintres des Pays-Bas, par Corneille de Bie, avec leurs Portraits très beaux d'Epreuves, *Anvers.* 1661. *in* 4°. *v.*

765. Entretiens fur les Vies & fur les Ouvrages des plus excellens Peintres, Anciens & Modernes, deuxieme Edition, *chez L. Lucas.* 1690. *in* 4. *v.*

766. Dictionnaire de Marine, contenant les termes de la Navigation & de l'Architecture Navale, avec les Regles & proportions qui doivent y être obfervées, enrichi de Figures. *Amft. chez P. Brunel.* 1702. *in* 4°. *v.*

767. La Théorie & la Pratique du Jardinage, où l'on traite à fond des beaux Jardins, appellés communément les Jardins de Plaifances & de propreté, compofés de Parterre, de Bofquets, de Boulingrins, &c. *A. le Blond. Paris.* 1722. *in* 4°. *v.*

768. Defcription des Deffeins, du Cabinet de Crozat avec des Réflexions

fur la maniere de deffiner des Principaux Peintres & le Catalogue des
Pieres gravées du même Cabinet ,
par M. Mariette. *Paris.* 1741. *in* 8°.
broché. fig.

769. Iconum Anatomicarum , quibus
præcipuæ partes Corporis Humani
exquifita cura delineatæ continentur
fafciculus I. Diaphragma , Medulla
fpinalis , Vagina uteri , Omentum
& cravii Bafis. *Gottlngæ. Abrami
Vandenhoeck.* 1743. *in fol. pap.*

770. Abrégé de la Vie des plus fameux
Peintres, enrichie de leurs Portraits
très bien gravés. par M. Dezallier
d'Argenville , *Paris. de Bure,* 1745,
1752. 3. *vol. in* 4°, *broch.*

771. Deffeins des édifices , meubles ,
habits , machines & uftenciles de
Chinois, gravés & deffinés à la Chine par M. Chambert Architecte ;
avec une defcription de leurs Tem-
ples, de leurs Maifons , Jardins ,
&c. *Londres* , 1757, grand *in-fol. bl.*

772. Tableaux du Temple des Mufes ,
tirés du Cabinet de feu M. Favereau,
avec les Defcriptions , Remarques &
annotations , par Michel de Marol-
les , *Amfterd.* 1556. *in-*4. *parch.fig.*

773. Parnaffus Biceps , in cujus priore

J. Boiſſard, avec figures, par Joan.
Theod. de Bry , Francofurti 1627.
in-fol. v.

774. Quinti Horatii Flacci Emblemata
imaginibus in ære incifis , notifque
illuftrata, ftudio Othonis Væni, Ba-
tavolugdunenfis : *Antverpiæ.* 1612,
in-4. mar. r.

SUPPLEMENT.

775. UNE fuite de cent trente Cachets de Princes, Seigneurs François
& Etrangers , Cardinaux , Evêques
& Abbés des quinze & feizieme fié-
cle.

776. Une Lanterne trouvée dans un
ancien Sépulchre.

777. Vénus Epitagria : ce beau bas-
relief antique de marbre a un pied
fept pouces de haut , fur deux pieds
un pouce & demi de large. Le Pere
Dom Jacques-Martin en fait mention dans fon Explication des divers
Monumens finguliers, p. 309.

778. UNE figure d'Enfant en cire
coloriée : elle est habillée à la maniere du Pays.

779. Une autre figure d'Enfant, aussi
coloriée & habillée.

780. Divers Habillemens d'hommes &
femmes, Armes qui servent aux Indiens, Chinois & Sauvages ; ils seront divisés en plusieurs articles.

781. Une Arithmétique imitée des
Chinois.

782. Une Boëte d'encre de la Chine.

783. Une autre Boëte, *ditto*.

784. Une Boëte de différentes couleurs,
dont les Chinois se servent pour
peindre.

785. Quatre piéces à l'usage des Chinois, dont une Ecritoire & une Ta-
blette.

786. Un grand nombre de Fusils,
Epées, Damas, petits Canons,
Mortiers, Carcasses & autres Armes
très curieuses par rapport à leurs antiquités. Ils seront divisés lors de la
vente.

787. Un morceau des puls recommandables, qui font deux Ourfins de Mer pétrifiés, avec leurs pointes féparées & tombées fur la même couche de Criftal. *Voyez* la planche 14, figure 4 de l'Oryctologie, par M. Dezallier Dargenville.

788. Une Pétrification Marine, analogue aux Champignons de Mer, figure 5, planche 14, de l'Orytologie de M. Dargenville.

789. Un Médailler de Marqueterie, garni de fes Cartons de vélin verd, pour les Médailles de grand Bronze.

790. Un autre Médailler garni en carton de maroquin.

791. Une petite Commode de bois de Marqueterie, garnie de Bronze, fervant de Coquiller.

792. Une Armoire remplie de plufieurs milliers de Jettons de bronze, qui feront divifés en deux articles.

FIN.